मुकुटधारी चूहा

मुकुटधारी चूहा

राकेश तिवारी

वाणी प्रकाशन

वाणी प्रकाशन
4695, 21-ए, दरियागंज, नयी दिल्ली 110 002

शाखा
अशोक राजपथ, पटना 800 004

फ़ोन: +91 11 23273167 फ़ैक्स: +91 11 23275710

www.vaniprakashan.in
vaniprakashan@gmail.com

MUKUTDHARI CHOOHA
by Rakesh Tiwari

ISBN : 978-93-5072-769-0
Collection of Stories

प्रथम संस्करण
मूल्य : ₹ 395

थॉमसन प्रेस, दिल्ली-110 020 में मुद्रित

वाणी प्रकाशन का लोगो मक़बूल फ़िदा हुसेन की कूची से

उन तमाम कथाकारों को, जिन्हें पढ़ कर मैं बड़ा हुआ
और भाषा का संस्कार थोड़ा बहुत सीख पाया।

साथ ही पत्नी गीता को।

अनुक्रम

मुकुटधारी चूहा	9
मुर्ग़ीख़ाने की औरतें	45
कठपुतली थक गयी	71
सुबह है और चश्मिश है	87
अंजन बाबू हँसते क्यों हैं	100
साइलेंट मोड	109
अँधेरी दुनिया के उजले कमरे में	121

मुकुटधारी चूहा

उस स्त्री के यहाँ सब कुछ स्वप्नलोक की तरह था। स्वप्नलोक में अजीब-सी ख़ुमारी थी। पता नहीं यह ख़ुमारी उस स्त्री के बदन से उठने वाली गन्ध के कारण थी या खाद्य पदार्थों की थी। वह समझ नहीं पाता। कई बार सोचता है कि यह गुलाबी-गुलाबी सा मज़ा कहीं अंगूर खाने से तो नहीं आ रहा। कहीं मटर-पनीर हलक में उतरने से तो ऐसा मज़ा नहीं आता? पता नहीं। पर यह तय था कि मज़ा आ रहा है। सबसे अच्छी बात यह थी कि उसके यहाँ चूहे का ज़िक्र नहीं होता था। बड़ी राहत थी।

यहाँ दो और बातें अच्छी थीं। एक तो भोजन की विविधता और दूसरा, सैकड़ों नये शब्दों से सामना। नये शब्दों के साथ-साथ यहाँ कुछ पुराने शब्दों के अर्थ भी खुलने लगे थे। नये शब्दों और नये-नये अर्थों का मानो विस्फोट हो गया था। शब्दों की एकमुश्त खेप कभी-कभी भ्रम में डाल देती थी। लेकिन चिन्ता की कोई बात नहीं थी। ऐसे हर संकट से निपटने में वह स्त्री मददगार बन जाती थी।

उसकी रसेन्द्रिय को रोज़मर्रा नये अनुभव हो रहे थे। स्वाद के मायने बदल रहे थे। स्वाद के वैविध्य ने मुक्की को एक नये संसार में पहुँचा दिया था। अब तक उसे यही पता था कि गुड़ और रोटी दोनों मीठे होते हैं। यहाँ आकर पता चला कि रोटी दरअसल, फीकी होती है। अब जाकर उसे यह भी पता चला कि महज नमक ही नमकीन नहीं होता। खट्टे, मीठे, नमकीन और चरपरे स्वाद में भी विविधता हो सकती है। एक तरह से यहाँ उसकी कल्पना का भी विस्तार हुआ था। यह सब जो भी हो रहा था, उस भली स्त्री की बदौलत हो रहा था।

उसकी अच्छाई का मुक्की के मन पर गहरा असर होने लगा। उसकी अच्छाई खुशबू की तरह फैल रही थी। वह दिलो-दिमाग़ में घुसती जा रही थी। वह मन ही मन उस स्त्री का आभार व्यक्त करना चाहता था। लेकिन विडम्बना यह थी कि उसकी अच्छाई की तुलना करने के लिए उसे ऐसा कुछ याद नहीं आता था जो उपयुक्त हो। जो सटीक हो। जो उस स्त्री के अनुकूल

हो। जिससे खुद मुक्की सन्तुष्ट हो सके। हाँ, उस स्त्री की मिठास की तुलना वह ज़रूर कर पाया था। उसकी मिठास लीची के मटमैले-सफेद शर्बत की तरह थी, जिसे उसी स्त्री ने पहली बार उसे पीने के लिए दिया था।

वह प्लेटिनम के हीरे जड़े आभूषण पहनती थी और सोने की तरह सोलह आने खरी लगती थी। रंग उसका सुनहला या तांबई नहीं, दूधिया था। नज़र के टीके की तरह, उसके निचले ओंठ के नीचे, दायीं तरफ़ एक काला तिल था। उस स्त्री की बड़ी-बड़ी आँखें झील में भटकती कश्तियों की तरह थीं। उन आँखों में आकर्षण के अलावा भी कुछ था। क्या था, यह समझना बड़ा मुश्किल था। उन पनीली आँखों में अथाह गहराई थी और उसे नापे बिना उस 'अलावा' को पहचानना लगभग असम्भव था।

अगर एक अकेले तिल को दाग़ न मानें तो उसकी सुन्दरता बेदाग़ थी। पर मुक्की का संकट यह था कि उसने न तो अब तक उस स्त्री से ज़्यादा सुन्दर कोई और देखी थी, और न उसकी सुन्दरता की तुलना करने के लिए कोई अन्य सुन्दर चीज़ उसे याद आती थी। नये शब्द-संसार में उतर आने के बावजूद सुन्दरता की तुलना के लिए अभी कोई माकूल शब्द उसे नहीं मिला था। लेकिन वह तय मानता था कि इस दुनिया में जो कुछ भी सर्वाधिक सुन्दर है, वह इस स्त्री की तरह होता होगा या यह स्त्री उसकी तरह—हूबहू।

वह उसे आवाज़ देती है, "मुक्कू, जरा इधर आना।"

उस स्त्री के 'मुक्कू' कहने से रोम छिद्रों के जरिये जलतरंग की झंकार त्वचा के अन्दर प्रवेश कर गयी। वह झंकार रक्त में घुलने लगी। ऐसे तो कभी अम्मा ने भी उसे सम्बोधित नहीं किया। वह 'मुक्की' ही कहती थी। अम्मा ने सिर्फ़ एक बार उसे 'मुक्कू' कहा था सिर्फ़ एक बार। जब उसे बुख़ार था और बिस्तर पर लेटा था। उसने खाना खाने से इनकार कर दिया था और बिस्किट खाने की ज़िद पकड़ ली थी। अम्मा सिरहाने बैठ कर उसका सिर सहलाते हुए बोली थी, "कल मेरा मुक्कू ठीक हो जायेगा और सुबै को चाय के साथ बिस्कुट खायेगा।"

अम्मा के 'मुक्कू' सम्बोधन को अब उसने स्मृतियों में सँजो लिया था। उसी तरह जैसे अम्मा ने नानी का दिया छोटा-सा दर्पण वर्षों से सँभाल कर रखा है। वह बालिश्त भर का एक सामान्य दर्पण था। जिसका लकड़ी का फ्रेम नानी के पिता ने अपने हाथों से बनाया था। वे बढ़ई थे। सीसम के उस फ्रेम में कभी किसी ने पेंट या पॉलिश नहीं किया। वह पिछले कई दशकों के हाथों के मैल से बदरंग हो चुका था। उसके काँच में दो-तीन काले धब्बे उभर

आये थे। अम्मा ने कभी अपना चेहरा उस दर्पण में नहीं देखा। जैसे उसमें झाँकने से नानी की सँजो कर रखी स्मृतियों के विलुप्त होने का ख़तरा हो। जब भी उसे नानी की याद आती, वह उस दर्पण को हाथ में लेकर उसके पिछले हिस्से को धीरे-धीरे सहलाती थी और सिसकती थी। अम्मा ने कभी नहीं बताया कि उसमें उनकी स्मृति का कौन-सा ख़ास लमहा कैद था और उन्हें ऐसा क्या याद आता है कि वे सिसकने लगती हैं।

उस स्त्री के 'मुक्कू' कहने से उसकी आँखें भर आयीं। यह स्त्री इतनी अच्छी क्यों है? यह किसकी तरह अच्छी है, उसकी समझ में नहीं आता। अच्छा तो वह ढाबे वाला भी था। लेकिन उसकी सीमा थी। वह चाहता था कि लड़के भूखे न रहें, लेकिन यह भी चाहता था कि बासी खाना काम आ जाये और फेंकना न पड़े। वह काफ़ी हद तक दयालु था, लेकिन धन्धे के मामले में थोड़ा कठोर भी था शायद। पर उसकी करुणा किसी कठोर स्त्री से उन्नीस ही होगी। इस स्त्री से तो उसका कोई मुक़ाबला नहीं हो सकता। यह दया और करुणा से इतनी लबालब है कि बात-बात में छलकती है।

इस स्त्री के पास सब कुछ छलकता हुआ है। बल्कि लबालब से सूत भर ऊपर ही है। उसे देख-देख कर मुक्की के सामने 'स्त्री' के नये अर्थ खुलने लगे। अब तक उसके लिए स्त्री का मतलब था एक अक्सर चुप रहने वाली औरत। कुछ-कुछ बहरी, कुछ-कुछ गूँगी। जिसके पास शब्दों का भारी अभाव हो और जो या तो आँखों से बोले अथवा 'हाँ' या 'ना' में सिर हिलाये। जो खुशी में ईश्वर का आभार जताने के लिए आकाश की तरफ़ हाथ उठाये और दुख में लगातार सिसकती रहे। जिसके मस्तिष्क में विचार कम और फूल ज़्यादा खिलते हों और हृदय में, उन्हें सींचने के लिए, आँसुओं का झरना हो। जो रोज मंजन करने के बावजूद खुल कर दाँत दिखाने में सहम जाती हो। जिसे खुले आँगन में बाँहें फैला कर गोल-गोल नाचने में संकोच होता हो। जिसे डेढ़ फुट घाघरा उठा कर अपनी पिंडलियाँ देखने में लज्जा आती हो।

लेकिन शहर की यह स्त्री खुल कर हँसती थी। इसकी हँसी की प्रतिध्वनि बहुत देर तक उस विशालकाय घर के बड़े से ड्राइंग रूम में गूँजती रहती। वह एक कान से लैंडलाइन और दूसरे से सेल फोन सुनती थी। वह घंटा भर नहाती थी और टाँग पर टाँग रख कर बैठती थी। वह सैकड़ों तरह के सौन्दर्य प्रसाधन इस्तेमाल करती थी। पुरुषों को डपटती थी, कार चला कर यहाँ-वहाँ जाती थी। वह सुर्ख़-सा कोई पेय पीती थी और गुनगुनाती थी। वह कसे हुए वस्त्र पहनती थी और कुछ भी ढँकने या छुपाने के लिए उसे चुनरी या आँचल की ज़रूरत

नहीं थी। वह बहुत ही सलीके से बोलती थी। दोनों हाथों से दुख-दर्द सहलाती थी और दोनों आँखों से प्यार लुटाती थी। इस स्त्री की संगत में मुक्की को विश्वास हो गया था कि पहले प्रकार की स्त्रियाँ बेवजह और बेमतलब उग आयी खरपतवार होती हैं। जबकि दूसरे प्रकार की स्त्रियाँ तुलसी के पौधे की तरह होती हैं– बहुगुणकारी। और उनकी इच्छाओं को कभी फफूँद नहीं लगती। इस स्त्री के साथ रहते हुए उसे गहरा इतमीनान था। शायद इसीलिए यहाँ आकर दिमाग़ में बैठा चूहा शिथिल पड़ गया था।

मुक्की उत्तर प्रदेश के एक अनाम-से गाँव में पैदा हुआ—गाँव खुरखुड़ा। खुरखुड़ा से काम की तलाश में बाबू एक दिन पास ही के क़सबे ऊधमगंज आ गये थे। ऊधमगंज मुक्की के परिवार के लिए बड़े शहर की तरह था। वहाँ की आबादी गाँव से कई गुना ज़्यादा थी। क़सबे में, खटमल-पिस्सुओं वाला सही, एक सिनेमा हॉल था। पेशाब की बदबू मारता एक विशाल बस अड्डा था। खड़खड़ाते फिरते बहुत सारे रिक्शे थे। मरीज़ों से पटा और पान की पीक में सना एक अस्पताल था। एक मसजिद थी, एक गुरद्वारा था और तीन मन्दिर थे। इसके अलावा एक डिग्री कॉलेज, एक इंटर कॉलेज और दो प्राइमरी स्कूल थे। सब अपनी तरह के थे। बल्कि इस क़सबे की तरह थे।

हाइवे के दोनों तरफ़ क़सबे का मुख्य बाज़ार था। बाज़ार में दुकानों की कतारें थीं और दुकानों के आगे ठेलों की। जहाँ मक्खियाँ, बिना भेदभाव, कभी रंग में डुबोई जलेबी पर बैठतीं, कभी उबले अंडों पर और कभी कटे तरबूज पर। रंगबिरंगे प्लास्टिक के सामान पर भी मक्खियां उसी उत्साह के साथ बैठती थीं। अन्दर गलियाँ थीं, मुहल्ले थे, कच्चे घर थे और झुग्गी बस्तियाँ थीं। गलियाँ जहाँ से शुरू होतीं, सड़कें वहीं ख़त्म हो जातीं। ज्यों-ज्यों अन्दर जाइए, पहले सड़कों का तारकोल ग़ायब होता, फिर मिट्टी ग़ायब हो जाती। तब शुरू होता कीचड़, जो आगे बढ़ते हुए दलदल में बदल जाता। यह दलदल आख़िर में बजबजाते तालाब का रूप ले लेता। सड़ते पानी के तालाब क़सबे की गलियों के वे अन्तिम छोर थे, जहाँ मनुष्य और पशुओं की अलग-अलग पहचान ख़त्म हो जाती थी।

इसी क़सबे की मुख्य सड़क पर यहाँ के पुश्तैनी व्यापारियों की कुछ कोठियाँ थीं और सरकारी अफ़सरों के कुछेक बड़े घर। इनके बच्चों ने गलियों के अन्तिम छोर नहीं देखे थे और अन्तिम छोर पर रहने वाले बच्चों ने कोठियों के गेट नहीं छुए थे, जिनके अन्दर बैठे डरपोक नस्ल के कुत्ते लगातार भौंकते

थे। ऊधमगंज के बलवापुर मुहल्ले की एक गली के अन्तिम छोर से पचास गज पहले मुक्की का परिवार रहने लगा था। वह एक पुराना खँडहरनुमा घर था। एक कमरे में मुक्की लोग रहते थे और दूसरे हिस्से के दो टूटे-फूटे कमरों में खुद मकान मालिक। किरायेदारों की तरह दब्बू और खुशामदी मकान मालिक को देख कर उसकी हैसियत का पता चल जाता था।

ऊधमगंज में चूँकि अभी तक कोई ऊधम नहीं हुआ था, इसलिए ज़ाहिर है, वहाँ बड़ी शान्ति थी। कोई नहीं जानता था कि यहाँ एक मायावी चूहा घूम रहा है।

मुक्की के परिवार की ज़िन्दगी भी आराम से चल रही थी। 'आराम से' इस मायने में भी कि दो वक़्त की रोटी बाबू कमा लेते। बेशक, कभी गुड़ से, कभी प्याज से और कभी-कभी, जब कोई और खर्चा आ जाये तो कुछ दिन नमक से भी रोटी खानी पड़ती। लेकिन बाबू को, अम्मा को और उसे भी तसल्ली थी। तसल्ली इस बात की कि रोटी तो मिलती है। मुनिया छोटी थी, इसलिए उसे पता नहीं था कि रोटी कहाँ से आती है। मुक्की को पता था। वह बाक़ायदा जानता था कि बाबू मजूरी करते हैं, उसके बदले पैसे मिलते हैं, पैसों से गेहूँ आता है, अम्मा गेहूँ पिसाती है, उससे आटा बनता है और आटे से अम्मा रोटी पकाती है। अम्मा की बनाई रोटी वे सब खाते हैं, खाने से शरीर को शक्ति मिलती है और शक्ति लगा कर काम करने से रोटी मिलती है। रोटी, जो मीठी होती है– चाहे गुड़ से खाओ, चाहे नमक से या चाहे खाली चबा लो।

मुक्की के बाबू मज़दूरी कर इतना कमा लेते कि महीने में कोई दस दिन सब्जी भुनने या दाल छोंके जाने की गन्ध घर में फैलती और एपिटाइज़र का काम करती। इन दस दिनों में सब लोग एक रोटी ज़्यादा खाते। ये दस दिन वह होते जब बाबू को काम मिलता और शाम को नक़द मजूरी भी। बाकी के बीस दिन अनिश्चितता के होते। उनमें भी कुछ दिन घोर संकट के। साल में कुछ ऐसे मनहूस दिन भी आते जब भूख से बिलखते बच्चे मैमनों की तरह 'मैंऐंऽऽ-मैंऐंऽऽ' करते और एकाध ऐसा अवसर भी आता जब बाबू खाने को बकरे की अंतड़ियाँ ले आते। उस दिन अंतड़ियों से सारा मल निकाल कर, उन्हें सफाई से धोकर खुद ही काटते। तेल, प्याज, नमक, मसाले और खूब सारी मिर्च डाल कर उसे तब तक भूनते जब तक वह गहरे भूरे रंग की न हो जाये। भूनते-भूनते जब अंतड़ियों की भुरजी पक रही होती तो उसकी सुगन्ध से बाबू के मुँह में गीलापन आने लगता और वे भुरजी पकाते-पकाते कई बार लार गटकते। मुक्की और मुनिया बार-बार पूछते कि खाना बन गया? भुरजी पकते ही सब लोग उस पर टूट पड़ते।

ऐसा मौक़ा निश्चित ही साल में एकाध बार से ज़्यादा नहीं आता। लेकिन पिछले साल तो एक दिन अजब बात हो गयी थी। बाबू अंतड़ियों के साथ-साथ चार पाये भी ले आये थे।

जनवरी का महीना था। कई रोज़ से मौसम ख़राब था। धूप के लिए लोग तरस गये थे। हवा की ठंडक कपड़ों को चीर कर अन्दर घुस रही थी। बाबू कहते थे, शायद पहाड़ों पर बर्फ़ गिरी है। क़सबे के लोगों का यही मानना था कि जब पहाड़ों पर बर्फ़ गिरे या बारिश हो तो ऊधमगंज की हवा में ठंडक बढ़ जाती थी। ऐसे में जो लोग काम पर जाते थे, केवल वही घर से निकल रहे थे। आलसी गृहिणियाँ और ज़ंग खाये बूढ़े घरों के अन्दर दुबके रहते और लगातार खाँसते। कमज़ोर व बीमार बच्चों को बाहर निकलने की मनाही थी। ऐसे मौसम में बकरी के पाये घर के माहौल में एक नयापन लेकर आये थे। घर का मौसम बदल गया था।

पाये पकाना, यों खाना पकाने से कुछ अलग तरह का काम था। इसमें थोड़ा मशक्कत भी थी। इसलिए यह काम बाबू को ही करना था। वे छोटे-से आँगन में अँगीठी सुलगाने लगे। इस आँगन का, मकान मालिक के साथ वे साझा इस्तेमाल करते थे। ग़नीमत थी कि मांसाहारी और दब्बू मकान मालिक ने आपत्ति नहीं की। अँगीठी सुलगते ही बच्चे तमाशा देखने के लिए उसे घेर कर बैठ गये। वे बाबू से कई बार पूछ चुके थे–"बाबू, क्या कर रहे हो?" आख़िर बाबू ने धुएँ से पिरपिरी हो आयी आँखें मलते हुए जैसे रहस्योद्‌घाटन किया, "अभी इन्हें आँच में रखेंगे और खाल में जितने बाल हैं ना, उन्हें जलाएँगे। तुम लोग चुपचाप देखते रहो।"

अँगीठी सुलग गयी थी। धुआँ उठना बन्द हो चुका था। बाबू ने चारों पाये आँच के ऊपर रख दिये। अचानक बाल जलने की तेज़ गन्ध हवा में तैरने लगी। इस चिरांयध के साथ चिड़-चिड़ की हलकी ध्वनि होती और धुआँ भी उठता था। बच्चे साँस रोके देख रहे थे। बाबू पायों को उलट-पलट कर भूँज रहे थे। देखते-देखते बकरी के पाये जल कर लकड़ी के पाये जैसे होते चले गये। तब बाबू एक खुट्टल चाकू से काली पड़ गयी खाल रगड़ने लगे। अचानक खुर पर चाकू लगने से खोल सरीखी कोई चीज़ छिटक कर जमीन पर गिरी– ठीक मुनिया के मुँह के आगे। उसने उस खोल को उठा लिया जो जूते के आकार का था। उसे उलट-पलट कर देखने के बाद मुनिया ने पूछा– "बाबू, बकरी जूते पहनती है?"

सुन कर बाबू देर तक हँसते रहे। मुक्की खुद को समझदार साबित करने

के लिए बोला, "चल बेवकूफ, ये बकरी का नाखून है।" फिर बाबू की ओर मुख़ातिब होते हुए पूछा, "है ना बाबू?"

पाये साफ हो गये थे। बाबू ने हरेक पाये के चार-चार टुकड़े कर दिये। अब घर के अन्दर चूल्हे की हलकी आँच में भगोना रख कर उन्हें पकने के लिए छोड़ दिया गया। बीच में एक बार बाबू ने भगोने का ढक्कन उठा कर पानी की मात्रा बढ़ाते हुए जैसे अपने आप से कहा, "शोरबा ठंडा होकर बहुत गाढ़ा हो जाता है। गोंद की तरह चिपकने लगता है। थोड़ा पतला होना ज़रूरी है।"

अब अंतड़ियों की बारी थी। बाबू ने उनकी सफाई कर अलग से भूना और भुरजी तैयार कर ली। इस तरह दो अलग-अलग डिश बन कर तैयार हो गयी थीं। वह दिन जैसे पर्व में बदल गया था। जिस घर में मामूली सब्जी की सुगन्ध से हिलोर उठने लगे, वहाँ एक साथ दो-दो नॉनवेज डिश उमंग का ज्वार ले आयी थीं। जैसे स्वतन्त्रता दिवस और गणतन्त्र दिवस एक ही दिन पड़ गये हों।

उस दिन पूरे परिवार ने छक कर भुरजी खायी और सुड़क-सुड़क कर शोरबा पिया। बच्चों की समझ में नहीं आ रहा था कि पहले क्या खाएँ। मुक्की तो हड्डियों को तब तक चूसता था जब तक सारा अर्क न खींच ले। बाबू देख-देख कर खुश हो रहे थे और अम्मा तृप्त। बाबू ने दोनों बच्चों को भरपूर नज़र से देखा और बोले, "किसी दिन और लाऊँगा। पायों का रस तो दवाई है, दवाई।...खास कर तुम्हारी अम्मा के दुखते घुटनों के लिए।"

"मुक्कू! कहाँ है?" उस भली स्त्री ने दुबारा आवाज़ दी। तब तक मुक्की सामने आ खड़ा हुआ। उसने मुक्की की तरफ़ ग़ौर से देखा। छह महीने में उसके गालों पर आड़ जैसी हलकी लालिमा फूट आयी थी। चेहरा भर गया था। स्त्री मुक्की के गालों को हलके से थपथपाया कर बोली, "ब्रेकफास्ट कर ले।"

मुक्की अपना नाश्ता खाने की मेज पर रख कर ड्राइंग रूम में सजी अष्टधातु की मूर्ति को चमकाने में जुट गया था। मेज पर उबला हुआ अंडा और टोस्ट ठंडा हो रहा था। स्त्री नाश्ता कर चुकी थी और फोन पर बात करते हुए जूस का गिलास खाली कर रही थी। काँच के जग में लगभग आधा गिलास जूस अभी बचा था। मुक्की ने जग उठा कर उसके गिलास में उँड़ेलने के लिए हाथ आगे बढ़ाया तो वह उसके गालों को फिर से थपकी देकर बोली, "बस, आज कुछ ज़्यादा हो गया। तू पी ले।"

मुक्की को अब तक जूस का स्वाद पता चल चुका था। उसने जूस पीने में कोई ज़ल्दबाजी नहीं दिखायी। न अंडा मुँह में डालने और न टोस्ट गपकने में ही किसी तरह की उतावली की। उसने अपनी प्लेट उठायी और डाइनिंग

टेबल के पास रखी सैटी पर बैठ गया। प्लेट स्टूल पर रखी और धीरे से टोस्ट का एक-एक टुकड़ा दाँत से काट कर चबाना शुरू किया। वह स्त्री उसे खाते हुए देख रही थी। उसकी रहस्यमय आँखें उनींदी-सी लग रही थीं। मानो, उस स्त्री ने जूस की जगह लस्सी पी हो। या जैसे उसने वह अज्ञात सुर्ख़ पेय गले से नीचे उतार लिया हो।

उनींदी आँखों से वह और ज़्यादा सुन्दर हो गयी थी।

डाइनिंग टेबल के ठीक सामने दीवार पर टँगे टीवी में कोई सीरियल चल रहा था। जिसमें सास अपनी बहू से ज़्यादा सुन्दर और ज़्यादा युवा नज़र आती थी। उसको लग रहा था, टीवी धारावाहिकों की तरह वह स्त्री भी किसी अलग दुनिया की है। ऐसी दुनिया जहाँ चेहरों पर झुर्रियाँ नहीं पड़तीं। जहाँ पेट भरने के नहीं, बल्कि उन्हें खाली रखने और अन्दर करने के सारे जतन किये जाते हैं। जहाँ होंठों पर पपड़ियाँ नहीं पड़तीं। जहाँ स्त्रियाँ और पुरुष सभी, चेहरों पर रंग-रोगन करने ब्यूटी सलून जाते हैं। जहाँ लोग छोटे-छोटे कौर तोड़ कर मुँह ही मुँह में चबाते हैं। जहाँ भोजन को किसी शीतल या गर्म पेय से गले के नीचे धकेला जाता है।

काल्पनिक संसार में स्त्रियों के कपड़ों से उठने वाली सुगन्ध नहीं होती, लेकिन यहाँ सुगन्ध भी थी। मसलन, इस भली स्त्री के कपड़ों से उठने वाली भीनी-भीनी सुगन्ध। उसका बिस्तर रात की रानी की तरह महकता था। उसका स्नानघर भी खुशबू से गमकता था। वह जहाँ से गुजर जाती, अपने पीछे ख़ुमारी-सी छोड़ जाती थी। दरअसल, उस स्त्री की दुनिया में ख़ुमारी ही ख़ुमारी थी—स्वप्नलोक जैसी।

उसे अम्मा के कपड़ों से आने वाली गन्ध याद है। वह छोटा था और वे लोग खुरखुड़ा में रहते थे। तब अम्मा के पास एक बूढ़ी भैंस थी— भूरी, जिसे बाबू औने-पौने में लाये थे। भूरी दूध बेशक कम देती, पर खुशियाँ पूरी देती थी, क्योंकि दूध मोल नहीं लेना पड़ता था और कभी-कभी बच्चों को छटाँक-दो छटाँक पीने को भी मिल जाता। भैंस का सानी-पानी, दूध दुहना और गोबर फेंकना, सारा काम अम्मा करती थी। शायद इसीलिए अम्मा के कपड़ों से हर वक़्त गोबर की गन्ध आती थी। फिर एक दिन वे लोग ऊधमगंज आ गये। भैंस बेच दी गयी। लेकिन वर्षों बीत जाने के बाद भी अम्मा के कपड़ों से गोबर की वह गन्ध नहीं गयी। उसे आज लगता है कि सारे ग़रीबगुरबा औरतों के कपड़ों से ऐसी ही गन्ध आती होगी। बाबू के कपड़ों से उठने वाली पसीने की गन्ध भी हमेशा वैसी ही रही। वे नहा कर निकलें तो भी और

काम से लौट कर आयें तो भी। गोबर की गन्ध के बारे में उसने खुरखुड़ा या ऊधमगंज में रहते कभी सोचा नहीं था। लेकिन बाबू की पसीने की गन्ध को नाक से गहरी साँस खींच कर महसूस करना उसे अच्छा लगता था। यहाँ तो यह स्त्री खुशबुओं में नहाने के बावजूद पसीने की दुर्गन्ध मिटाने के लिए टिन की बोतली से फुस्स-फुस्स कर काँख में छिड़काव करती है। बहुत देर तक तीखी गन्ध घर में फैली रहती है।

इस स्त्री का पति भी है। जो ख़ुद भी काँख में फुस्स-फुस्स करता है। उसके कपड़े भी हरदम महकते रहते हैं। वह गाँव और क़सबे के पतियों की तरह नहीं है। वह एक हाथ से नाश्ता करता है और दूसरे से अख़बार दबोच कर उस पर नज़रें गड़ाये रहता है। पत्नी की बातों का जवाब अक्सर 'हूँ' या 'उहूँ' में देता है। पत्नी से बात करते हुए वह उसकी ओर नहीं देखता, बल्कि अख़बार में देखता रहता है। अख़बार हाथ में न हो तो अपने लैपटॉप पर टिपर-टिपर कुछ टाइप करता है। अन्यथा फोन पर खुचर-पुचर उँगलियाँ चलाता रहता है। ऐसा लगता है, चेहरे की तरफ़ देखने का उसके पास वक़्त नहीं।

जब वह शहर में होता है तो सुबह घर से निकलता है और देर रात आता है। वरना वह शहर में होता ही नहीं। वह अपनी पत्नी से सारी महत्त्वपूर्ण बातें फोन पर करता है। हरदम किसी न किसी उधेड़बुन में लगा रहता है। फोन करते हुए वह निचले होंठ को लगातार खींचता, मरोड़ता है। शायद इसीलिए उसका निचला होंठ ज़्यादा मोटा है। वह कम खाता है, कम सोता है और मुँह की जगह, आँख, कान व उँगलियों से ज़्यादा काम लेता है। बेशक वह बावला-सा लगता है लेकिन बेहद चौकन्ना आदमी है। काम में कोई चूक नहीं करता और न बर्दाश्त करता है।

उसका रंग गेहुँआ है, बल्कि कुछ हद तक भूरा कह सकते हैं। लमतड़ंग है। तोंद मामूली बाहर निकली है, जिसे वह बार-बार हाथ से अन्दर धकेलने की कोशिश करता है। सुबह उठ कर व्यायाम करता है और कुछ देर में हाँफने लगता है। वह पत्नी से काफ़ी बड़ा लगता है। लेकिन शक्ल-सूरत से इतना बुरा भी नहीं है।

मुक्की से वह ज़्यादा बात नहीं करता। उस भली स्त्री की तरह उसे देख कर हँसता नहीं। उसके दाँत निपोरने पर भी नहीं। उसने मुक्की से कभी उसके बारे में कुछ नहीं पूछा। मुक्की उसके लगातार घर से बाहर रहने पर हैरान था। उसके बाबू जब काम पर हों तो साढ़े छह बजे तक घर पहुँच जाते थे। वे तभी देर तक या पूरी रात घर से बाहर रहते जब रिश्तेदारी में किसी की

मौत हो जाये या कहीं लिंटर पड़ रहा हो। लिंटर पड़ने पर उन्हें पूरी रात काम करना होता। वे सुबह से कन्नी, गुटका, सूत, साहुल और फंटी सँभाल कर कट्टे में रखने लगते। ख़तरा मुनिया से होता था। वह मिट्टी का घर बनाने के लिए अक्सर बाबू की कन्नी और गुटका निकाल ले जाती। बाहर गली में जब वह घर बनाती तो कन्नी और गुटके से मिट्टी को समतल करने में उसे बहुत मज़ा आता था। बाबू, कम से कम लिंटर वाले दिन, काम पर जाने से घंटा-दो घंटा पहले सामान समेटना ठीक समझते थे। अम्मा को सुबह से कई बार कह चुके होते कि आज लिंटर पड़ रहा है, रात में नहीं आऊँगा। वे ज़ल्दी-ज़ल्दी रोटी बनवाते, ज़ल्दी-ज़ल्दी नहाते। हर काम में ज़ल्दबाज़ी दिखाते।

यहाँ इस भली स्त्री के पति को देख कर मुक्की सोचता कि इसका कौन-सा रोज़-रोज़ लिंटर पड़ता है जो यह घर से बाहर रहता है। आँधी की तरह घर आता है और तूफ़ान की तरह निकल जाता है।

उस स्त्री की उम्र का पता नहीं चलता था। शायद वह चालीस से ऊपर थी या उससे कुछ कम। लेकिन लगती थी यक़ीनन पैंतीस की। उसे देख कर यह भ्रम और पुख़्ता होता था कि बुढ़ापा खूबसूरत औरतों का साथ ठहर कर देता है। इस स्त्री की उम्र आगे बढ़ते-बढ़ते ठिठक गयी थी। मानो, पीछे से किसी राहगीर ने आवाज़ दी हो—रुक जा, आगे क़ब्रिस्तान की तरफ़ मत जाना।

मुक्की की उम्र बढ़ रही थी। वह सोलह पार कर गया था। लेकिन इस स्त्री की संगत में वह अठारह का लगने लगा था। उसके चेहरे पर आड़ू के रोंओं की तरह मूँछें निकलने लगी थीं। वह मुटा गया था और उसकी पेंट में आगे की तरफ़ कसाव आ गया था। उसके दाँत अब चमकते थे और भूरे लगने वाले बाल गहरे काले हो गये थे।

बाबू ने स्कूल में मुक्की का नाम लिखवाया था— मुकेश। तब वह पाँच साल का रहा होगा। हालाँकि उसका वह नाम स्कूल के रजिस्टर तक ही सीमित रहा, जिससे मास्साब हाज़िरी लगाने के लिए बच्चों के नाम पुकारते थे। न उसके सहपाठियों और दोस्तों ने उसे कभी 'मुकेश' कहा और न घरवालों ने ही वह नाम पुकारा। उसने जब दसवीं की परीक्षा दी, बाबू की उम्मीदें उफनने लगीं। वे बिस्तर पर लेट कर ही नहीं, ईंटों के जोड़ में सीमेंट का मसाला भरते हुए भी सपने देखने लगे थे। उनकी आँखों की चमक बढ़ गयी थी। पाँच दर्जा पढ़े बाबू के लिए बेटे का दसवीं की परीक्षा देना पुट्ठे में पंख उग आने जैसा था। सपने देखते हुए शायद उन्होंने कभी नहीं सोचा होगा कि ऐन बीच में एक चूहा टपक आयेगा। उस चूहे की सूँड़ निकल आयेगी और सूँड़ के एक कोने

से दाँत झाँकने लगेगा। वह चूहा उनके बेटे के जीवन में बेक़ाबू हाथी की तरह उत्पात मचा देगा।

उन्हें क्या पता था कि उड़ान भरने से पहले एक साला मामूली चूहा उनके पंख कुतर कर उम्मीदों को पंक्चर कर देगा।

अख़बार में एक बार एक ख़बर छपी थी कि चूहों ने किशनपुर के राजकीय उच्चतर माध्यमिक विद्यालय के बच्चों की उत्तर पुस्तिकाएँ कुतर दीं। स्कूल के सामने भारी संकट खड़ा हो गया था कि किस तरह बच्चों को नम्बर दिये जायें। बड़ी माथापच्ची और सलाह-मशविरे के बाद मास्टरों और स्कूल प्रबन्धन ने जो तय किया उसमें नुकसान पढ़ाई में अव्वल रहने वाले बच्चों का ज़्यादा हुआ था। बग़ैर उत्तर पुस्तिका के उन्हें बहुत अच्छे अंक नहीं दिये जा सकते थे। लेकिन इसके उलट उन बच्चों की क़िस्मत खुल गयी जो फेल होने वाले थे। उन्हें पासिंग मार्क्स दे दिये गये। हालाँकि, मुक्की के साथ ऐसा कुछ नहीं हुआ। उसकी उत्तर पुस्तिका कुतरी नहीं गयी। मुक्की और उसके बाबू को क्या पता कि बोर्ड के परीक्षार्थियों की उत्तर पुस्तिकाएँ चूहे कुतरते हैं या छोड़ देते हैं। मुक्की का परीक्षा परिणाम अभी आया नहीं था।

क़सबे में प्लेग भी नहीं फैला था। प्लेग की महामारी तो मुक्की के बाबा ने भी नहीं देखी थी। बाबू ने गाँव में प्लेग फैलने की कहानियाँ ज़रूर सुनी थीं, अपने बाबू से। शायद उन्होंने भी अपने बाबू से सुनी हों। ऊधमगंज में चूहों ने कोई अज्ञात बीमारी भी नहीं फैलाई थी कि मान लें, चूहों की पीठ पर बैठ कर पिस्सू आये और आदमियों के रक्त में कोई अज्ञात विषाणु छोड़ गये। लेकिन फिर भी जो हुआ, उसे कुछ लोग आपसी बातचीत में बीमारी बता रहे थे। हालाँकि एक मनुष्य नस्ल ऐसी भी थी, जिसे पता नहीं क्यों इस बीमारी का खौफ़ नहीं था। उलटा वह इस घटना से बेतरह उत्साहित थी।

एक दोपहर वह स्त्री अलसाई हुई-सी अपने बेडरूम से निकल कर आयी। उसने देखा, मुक्की कुछ उदास लग रहा है। मुक्की के बालों पर हाथ फेरते हुए उसने पूछा, "क्या बात है, घर की याद आ रही है?"

मुक्की की आँखें छलछला आयीं। उसने मुक्की को छाती से लगा लिया। काफी देर तक वह उसे उसी तरह भींचे रही और उसके बालों में उँगलियाँ फेरती रही। मुक्की को अच्छा लग रहा था। मानो, फूलों की घाटी से मादक गन्ध उठ रही हो और उसे निद्रालोक में ले जा रही हो। स्त्री के बाल उड़ कर उसके मुँह पर आ रहे थे। स्त्री की सुन्दरता और बढ़ गयी थी। मुक्की की पलकें झपक रही थीं। उसे लग रहा था, वह स्त्री बहुत सुन्दर है और बेहद अच्छी।

लेकिन वह किसकी तरह है? शायद अम्मा की तरह।...शायद नहीं, पक्का, अम्मा की तरह।

उस भली स्त्री का पति पिछले कई दिनों से घर पर नहीं था। वह दिन भर कार लेकर यहाँ-वहाँ चली जाती। रात को देर तक हॉलीवुड की फ़िल्में देखती। मुक्की भी देर तक उसके साथ बैठा रहता। उसकी समझ में सिर्फ़ दृश्य आते थे, संवाद नहीं। संवाद समझ से बाहर होने के कारण कभी-कभी दृश्य भी निरर्थक जान पड़ते थे। वह मन मार कर देखता। देखता और ऊँघता। कभी अश्लील-सा दृश्य आ जाने पर नज़रें चुरा लेता। वह स्त्री उसे कनखियों से देखती और रहस्यमय तरीक़े से मुस्कुराती। बातों-बातों में मुक्की को पता चला कि उसकी एक बेटी है, जो होस्टल में रहती है। कभी-कभार वह फोन पर बेटी से बात करती। कभी लेपटॉप सामने रख कर स्काइप पर उसे देखती और बतियाती। मुक्की ने उसकी बेटी को पहली बार उस छोटे पर्दे पर देखा था। स्त्री ने मुक्की से झुक कर सामने आने को कहा और अपनी बेटी से परिचय कराया। लड़की ने उससे 'हाय' कहा तो मुक्की हकलाने लगा था। वह उसी की उम्र की लगती थी। भले ही, थी वह चौदह की। जब माँ-बेटी बात करते तो मुक्की के पल्ले कुछ नहीं पड़ता था। मामूली-सा समझ में तब आता जब वह हिन्दी में कोई वाक्य बोलती। बेटी से बात करते हुए वह कभी कमज़ोर नहीं पड़ती थी। वह बेटी को कोई हिदायत या नसीहत नहीं देती थी। वह लगातार हँसती थी और बोलती थी। बोलती थी और हँसती थी।

उस रात मुक्की ने सपने में उस लड़की को देखा। वरना उसके सपने बहुत वीरान होते थे। जिसमें वह भूखा होता और नागफनी के जंगल में भटकता। नागफनी के रोएँ जैसे काँटे उसके बदन में चुभ जाते और जगह-जगह छोटी-छोटी फुंसियाँ निकल आतीं।

या फिर उसके सपने में सैकड़ों चूहे एक साथ आ जाते। वे गुर्राये बग़ैर ही दाँत दिखा कर नाराज़गी का प्रदर्शन करते। तभी अचानक वह मोटा चूहा अवतरित होता। उसका ऊपरी बदन नग्न होता। वह एक हाथ से अपना चौड़ा सीना ठोंकता हुआ आता। उसके दूसरे हाथ में चाबुक रहता। वह घुटन्ना पहने होता। उसे देख कर सारे चूहे 'वो आ गये, वो आ गये' कहते हुए सिर झुका लेते। मोटा चूहा लगातार मुक्की को घूरता और चाबुक हवा में फटकारना शुरू करता। वह चाबुक फटकारता और दहाड़ता। सारे चूहे चाबुक की सटाक्-सटाक् के साथ रिदम मिला कर 'हेंहें-हूँ, हेंहें-हूँ' का स्वर निकालते, जो बेहद डरावना होता। इस स्वर के साथ ही मोटे चूहे की दहाड़ सुन कर मुक्की पसीने में नहा

जाता। डर की जब इन्तहा हो जाती तो उसकी नींद टूट जाती।

अगली सुबह उसने खुली आँखों से जो देखा वह भी सपने की तरह ही था। उस घटना ने थोड़ा दुविधा में डाल दिया था। नहाते हुए उस स्त्री ने अचानक मुक्की को आवाज़ दी थी। बाथरूम का दरवाज़ा उसने आधा खोल दिया था और दरवाज़े की तरफ़ पीठ कर रखी थी। शरीर के निचले हिस्से में उसने एक झक्क सफेद टॉवल लपेट रखा था। उसके एक पैर की पिंडली दरवाज़े से बाहर झाँक रही थी। मुक्की बाथरूम के पास आया तो बोली, "जरा ये हुक लगा देना। मुझसे नहीं लग रहा।"

मुक्की थोड़ा झिझका लेकिन अगले ही क्षण उसे लगा कि हो न हो इस भली स्त्री के हाथ पीठ तक नहीं पहुँचते होंगे। इस नतीजे पर पहुँचने का बाक़ायदा कारण था। दरअसल, उस स्त्री के बाथरूम में उसने एक नायलॉन का झाँवा देखा था। वह कई दिन से उसे देखता, छूता और समझने की कोशिश करता। अक्सर जब वह नहा कर निकलती तो बड़े-से फूल के आकार की वह चीज़ गीली रहती। मुक्की की जिज्ञासा बढ़ती जा रही थी। आख़िरकार एक दिन उसने पूछ लिया, "मैडम जी, ये क्या है ?"

उस स्त्री ने कहा—"लूफ़ा।"

मुक्की ने होंठों ही होंठों में दोहराया—लूफा। उसने मुक्की का असमंजस दूर करते हुए कहा, "यह पीठ रगड़ने के लिए है।"

मुक्की का मन ठहाका लगाने को हुआ। इतनी साफ-सुथरी औरत को पीठ रगड़ने की ज़रूरत? अगर ज़रूरत ही है तो हाथ से भी तो रगड़ सकती है? पर अब जाकर उसकी समझ में आया कि हो न हो इस स्त्री के हाथ अपनी पीठ तक नहीं पहुँचते। यह बात समझ में आते ही मुक्की ने उसका हुक लगा दिया। हालाँकि उसको हलकी-सी झुरझुरी हुई थी, लेकिन उसे स्त्री की असहायता पर तरस आ रहा था कि बेचारी इतनी भली महिला, उसके पास सब कुछ है, फिर भी हाथ पीठ तक नहीं पहुँचते।

मुक्की ने बाद में उसके हाथों को ग़ौर से देखा। उसके हाथ औसत से छोटे तो नहीं हैं? पर ऐसा लगा नहीं। कौन जाने, जिस तरह इसके पति को झुक कर ज़मीन से कोई चीज़ उठाने में दिक़्क़त होती है, वैसे ही इसे पीठ के पीछे हाथ पहुँचाने में परेशानी होती हो। कौन जाने बचपन में इसका हाथ टूटा हो और ग़लत जुड़ गया हो, जैसा किन्नू चाचा के साथ हुआ था और वे हाथ घुमाने को तरस गये थे।

मुक्की के हुक लगाने पर वह खिलखिला कर हँसी थी। बाहर आकर उसने

मुक्की के गालों पर चुटकी काटी और दुबारा हँसी। मुक्की को उसकी हँसी कुछ ज़्यादा ही रहस्यमय लगी। लेकिन बहुत सारी संकेतात्मक बातों के निहितार्थ खुलने के बावजूद उसके सामने उस स्त्री की हँसी का अर्थ अभी तक नहीं खुला था। शायद वह यूँ ही मौज़ में हँसती हो। वह सचमुच बहुत अच्छी थी। उसने मुक्की को नयी ज़िन्दगी दी थी। वह मुक्की से बहुत सारी बातें करती थी। उसे खाने को ढेर सारी चीज़ें देती थी। वह अम्मा की तरह ही थी। शायद।

जिस दिन मुक्की दिल्ली के अन्तर्राज्यीय बस अड्डे पर उतरा, चारों तरफ़ नज़रें दौड़ाने पर उसका सिर चकराने लगा था। उस भूलभुलैया से बाहर निकलने की हिम्मत वह खोता जा रहा था। हालाँकि कुछ देर की कोशिशों के बाद वह बाहर तो आ गया, पर बाहर उससे बड़ी भटकभुलैया इन्तजार कर रही थी। चारों तरफ़ वाहन ही वाहन थे, लोगों का रेला था, सड़कों का जाल था और भोंपुओं जैसा शोर था। जिसे यह पता न हो कि जाना कहाँ है, वह किस दिशा में कदम बढ़ाये? यह ख़याल भी उसे नहीं आया कि जेब में बचा एक रुपये का सिक्का उछाल कर किसी एक दिशा में निकल पड़े। इसलिए दो रातें उसे वहीं अजमेरी गेट के एक फुटपाथ पर गुज़ारनी पड़ी थीं। इन दो दिनों में उसने हर सड़क पर थोड़ी-थोड़ी दूर जाकर जायजा लिया था, लेकिन कोई लाभ नहीं हुआ। तीसरी सुबह वह एक सड़क पकड़ कर निकल पड़ा। यह सोच कर कि अगर सड़क है तो कहीं तो जाती होगी। उसे भरोसा था कि सड़क कभी भी किसी गहरी खाई के पास जाकर ख़त्म नहीं होगी। फिर वह सड़क बनिस्बत ज़्यादा चौड़ी थी और उस पर ज़्यादा वाहन चल रहे थे। इससे भी यक़ीन होता था कि वह किसी न किसी बस्ती, मोहल्ले या कालोनी, या फिर बाज़ार तक जाती होगी।

चलते-चलते जब वह थक जाता तो सड़क किनारे किसी दीवार या खम्भे के सहारे पीठ की टेक लगा कर सुस्ता लेता। जेब में बचे हुए सत्तर रुपयों में से उनहत्तर वह पिछले दो दिनों में ख़र्च कर चुका था। अब भूख लगने पर वह केवल पानी पी सकता था। लेकिन यहाँ पानी भी सहज उपलब्ध नहीं था। भूख बर्दाश्त से बाहर हो जाने पर उसने एक रुपये के चने लिये। लेकिन भूख मिटने को तैयार नहीं थी। आख़िर एक जगह, जहाँ मंडी सी लगी दिखाई दी थी, सड़क पर पड़ा हुआ एक अधसड़ा टमाटर उठा कर खा गया था।

अगले कुछ दिन उसकी ज़िन्दगी के सबसे मुश्किल दिन थे। उसने जिस तरह पेट भरा और जैसे रातें गुज़ारीं उसके बारे में सोचते हुए रोंगटे खड़े हो जाते थे। वह कभी किसी को शायद ही बताये कि सबसे तेज़ भूख के क्षणों

में उसने सड़क किनारे छोले-कुलचे बेचने वाले के दोने चाटे थे। एक पार्क में कुतर कर फेंकी गयी रोटियों की मोटी किनारियाँ वह चट कर गया था। एक शाम कचरे में फेंके गोभी के डंठल धो कर चबा लिए थे। यहाँ तक कि एक बूढ़े के हाथ से डबलरोटी छीन कर भागने का भी मन हुआ था। पर हिम्मत नहीं जुटा पाया। उस रात तो हद हो गयी जब वह थक.कर चूर हो गया था और एक भिखारी की रोज़मर्रा की जगह पर सो गया था। भिखारी फुँफकारता हुआ आया और उसने मुक्की के अंडकोश में लात मार दी। मुक्की घंटे भर तक दोनों हाथ टाँगों के बीच डाल कर बिलखता रहा।

उस दिन वह भूख और प्यास से बेहाल था जब उस भली स्त्री की गाड़ी के आगे चक्कर खाकर गिर गया था। यह उससे पहली मुलाक़ात थी। आज उसे लगता है कि वह क़ुदरत का कोई करिश्मा था। अन्यथा, वह दब कर मर भी सकता था। उस दयालु स्त्री की जगह कोई बेरहम औरत भी हो सकती थी। किसी खड़ूस आदमी की गाड़ी के आगे भी तो वह गिर सकता था, जो पिछवाड़े पर दो लात जमाता और वहीं छोड़ जाता। अगर वह फुटपाथ वाले भिखारी की तरह होता तो आगे की तरफ़ से, फोतों पर भी वार कर सकता था। जबकि इस भली स्त्री ने पर्स खोल कर आस-पास खड़े लोगों से पूछा कि यह लड़का किसके साथ है। भीड़ में से कुछ लोगों का मानना था कि वह कुछ पैसे देकर वहाँ से निकल भागना चाहती थी। लेकिन मुक्की को आज भी इस पर यक़ीन नहीं होता। बहरहाल, भीड़ में कोई ऐसा नहीं था जो मुक्की को जानता हो और उस स्त्री से पैसे लेकर मुक्की का इलाज कराने को राज़ी हो। उलटा, कुछ लोग कानाफूसी करने लगे कि लड़का शायद इस महिला की गाड़ी से टकरा गया और उसकी हालत गम्भीर लगती है। मुक्की अर्धमूर्च्छा की स्थिति में भी उनकी बातें सुन रहा था। भीड़ में से कोई पुलिस के आने तक टायरों की हवा निकालने का सुझाव देने लगा था।

महिला की समझ में आ गया कि कुछ देर और रुकी तो बात बिगड़ जायेगी। आख़िरकार वह मुक्की को गाड़ी में डाल कर ले गयी। रास्ते में उसने पानी की बोतल ख़रीदी और पिछली सीट पर लेटे मुक्की के मुँह पर छींटे मार कर उसे पानी पिलाया। मुक्की पूरी तरह होश में आ गया। उसने पूछा कि सिर या अन्य कहीं चोट तो नहीं आयी। मुक्की गाड़ी से टकराया ही नहीं था। उसने इनकार कर दिया। महिला ने गहरी साँस ली और उसे घर ले गयी।

घर पहुँचकर उसने फ्रिज से गत्ते का एक आयताकार डिब्बा निकाला जिस पर अनार का चित्र बना था। डिब्बे से मुक्की को एक ड्योढ़े गिलास में भर

कर जूस पीने को दिया। उसकी कमज़ोरी थोड़ा दूर हुई तो स्त्री ने उसके बारे में पूछताछ शुरू की। मसलन, नाम क्या है, कहाँ का रहने वाला है, दिल्ली कैसे पहुँचा, वगैरह-वगैरह। मुक्की ने सब कुछ सही-सही बता दिया। लेकिन एक बात वह छिपा ले गया। उसने ऊधमगंज से भाग आने की वज़ह नहीं बतायी। क्योंकि उस घटना में मुख्य भूमिका चूहे की थी। उस घटना को वह किसी से साझा नहीं करना चाहता था। ग़नीमत थी कि वह स्त्री ऐसे सम्भ्रान्त परिवार की लगती थी, जिसकी दुनिया में चूहे का कोई महत्त्व नहीं हो सकता था। मुक्की ने राहत महसूस की थी।

उसने मुक्की के नाखून कटवाये, जो बड़े हो गये थे और मैल से भर गये थे। वह उसके लिए टूथब्रश, टूथपेस्ट, साबुन और कंघा लेकर आयी। उसने अपनी सुरीली आवाज़ में मुक्की को साफ-सुथरा रहने से लेकर घर की चीजों को बरतने की कई सारी हिदायतें दी थीं। उसने मुक्की को शौच के बाद कमोड को फ्लैश करने का तरीक़ा बताया था। उसने मुक्की की आँतों की ऐंठन पर विराम लगाया था। घर का कोई काम कराये बग़ैर पूरा दिन और पूरी रात गहरी नींद में सोने दिया था।

दरअसल, दसवीं की परीक्षा ख़त्म होने के बाद मुक्की और उसके कुछ दोस्त खाली हो गये थे। सुबह-शाम वे लकड़ी के बल्ले और कपड़े की गेंद से क्रिकेट खेलते और दिनभर क़सबे में यहाँ-वहाँ भटकते। इन लड़कों में सभी कमोबेश शरारती थे, जैसे आमतौर पर उस उम्र के लड़के होते हैं। इनमें से सिर्फ़ एक के घर पर टेलीविजन था। पर उसे लड़के की माँ और बहनें घेरे रहतीं और अनवरत कोई न कोई सीरियल देखतीं। बाज़ार में सेल फोन के साम्राज्य का विस्तार तेज़ी से हो रहा था। लेकिन क़सबे के ये लड़के उसकी पराबैंगनी किरणों से बचे हुए थे। अख़बार किसी के घर नहीं आता था। सभी के माँ-बाप अनपढ़ थे या बहुत कम पढ़े-लिखे। उनके लिए अख़बार खरीदना फ़िजूलखर्ची थी। उन्हें देश-दुनिया की किसी ख़बर से कोई लेना-देना नहीं था, क्योंकि किसी भी घटना का उनकी मजूरी बढ़ने से सीधा या परोक्ष सम्बन्ध उन्हें नहीं लगता था। वे लोग ख़बर दूसरों के मुँह से सुनते थे। वह झूठी भी हो तो उस पर थोड़ा आँखें फाड़ कर यक़ीन कर लेते थे।

कम्प्यूटर के उन्होंने दर्शन भर किये थे। इंटरनेट के बारे में वैसे ही उड़ते-उड़ते सुन रखा था जैसे अंग्रेजी पढ़ने वाले बच्चे एलियन के बारे में सुनते हैं। इंटरनेट के चक्रव्यूह में कितने घेरे होते हैं, यह उनके बाप भी नहीं जानते थे और बेटे जान पायेंगे, इसकी उम्मीद नहीं थी। दरअसल, दुनिया

के विकसित देशों की तुलना में काफ़ी पिछड़े इस देश के अगड़े शहरों से ऊधमगंज तक़रीबन तीस-चालीस साल पीछे चल रहा था। ऊधमगंज यों भी एक बन्द दुनिया का नाम था। उसमें छुट्टे घूमने वाले मुक्की जैसे बच्चों की दुनिया एक चौहद्दी तक सीमित थी।

बहरहाल, पाँचों लड़के लकड़मस्ती में घूम रहे थे और घूमते-घूमते क़सबे के दूसरे छोर पर पहुँच गये। यह इलाक़ा क़सबे के बाहरी हिस्से में था। वहाँ दो-तीन दुकानें थीं और आबादी नहीं के बराबर। उस खुली जगह पर दायीं तरफ़ बड़ा-सा अहाता था, जहाँ से सुबह, शाम घंटियों के स्वर गूँजते थे। अगरबत्तियों का धुआँ अनवरत उठता रहता था। वहाँ हवा में प्रार्थनाएँ और बुदबुदाहटें तैरती थीं।

सड़क के साथ-साथ बायीं तरफ़ सीवर लाइन आ रही थी। वह क़सबे से आती थी और बाहरी इलाक़े की तरफ़ निकल जाती थी। सीवर लाइन में सेंध लगाकर दूर-दूर से चूहे इस जगह अवतरित होते थे। आस-पास के जंगली चूहे भी कई बार दावत उड़ाने के लिए इसी सीवर लाइन से शहर में छापामारी करते थे। इस जगह निकल आने वाले शहरी चूहे और आस-पास के जंगली चूहे सड़क पार कर घंटी वाले अहाते में पहुँच जाते थे। शायद उन्हें वहाँ कुछ खाने की लत पड़ी थी। जंगली चूहे औसत से काफी मोटे थे और मनुष्यों की परवाह नहीं करते थे। कुछ चूहे खुलेआम अहाते के अन्दर घूमते रहते और कभी-कभी पिछली टाँगों पर उचक कर खड़े हो जाते। छोटे बच्चे उनका उचकना देख कर डर जाते थे।

उस दिन ऐसे ही एक चूहे की ऐन सड़क के बीच मुक्की और उसके साथियों से मुठभेड़ हो गयी। वह सड़क पार कर घंटियों वाले अहाते की तरफ़ जा रहा था। लड़कों की आहट पाकर वह सड़क के बीच ही ठिठक गया। आमतौर पर नज़र आने वाले बाकी चूहों से वह कुछ ज़्यादा ही मोटा था। वह बूढ़ा या बीमार भी हो सकता था। यह भी सम्भव है कि वह चुहिया हो और गर्भवती हो।

संयोग से मुक्की के हाथ में कच्ची लकड़ी की एक लोचदार डंडी थी, जिससे वह खेलता हुआ आ रहा था। अचानक मुक्की ने डंडी चूहे पर दे मारी। चोट सही जगह लगने से मौक़ा-ए-वारदात पर ही चूहे की मौत हो गयी। तभी एक लड़के ने मुक्की के हाथ से डंडी छीन ली। वह उससे चूहे को उछाल कर दोस्तों के ऊपर फेंकने की कोशिश करने लगा। देखते ही देखते सारे बच्चे आस-पास के बंजर इलाके से अपने-अपने लिए डंडियाँ तोड़ लाये और फिर उनके बीच चूहे को एक-दूसरे पर उछालने का खेल शुरू हो गया। लहूलुहान चूहा कपड़ों पर न गिर जाए इस डर से बच्चे दूर-दूर छिटक गये थे। अब

उनके बीच, पूरी ताकत लगा कर, चूहे को एक-दूसरे तक पहुँचाने का खेल चल पड़ा। लेकिन खेल ही खेल में अचानक जो हुआ, उसकी कल्पना उनमें से किसी ने नहीं की थी। उस चूहे को एक लड़के ने जब आख़िरी बार उछाला तो वह उस जगह जा गिरा जहाँ उसे नहीं गिरना चाहिए था। अगर वह कुछ गज दायें-बायें या आगे गिरता तो शायद हालात कुछ और होते।

सुबह से मूसलाधार बारिश हो रही है। घटाटोप के कारण अन्धकार कुछ ज़्यादा ही घना है। बाहर का अन्धकार घर की रोशनियों को मद्धिम पड़ने के लिए मजबूर कर रहा है। वह स्त्री मुक्की के सामने बैठी लगातार मुस्कुरा रही है और गुनगुना रही है। उसके हाथों में सुर्ख़ पेय का गिलास है। उसकी नशीली गन्ध पूरे घर में फैली है और उसकी पलकें मानो अपनी ही गन्ध से बोझिल हुई जा रही हैं। उसके पति का शायद फिर कहीं लेंटर पड़ रहा है, क्योंकि वह घर से बाहर है। वह सुर्ख़ पेय का एक बड़ा घूँट भर कर जब गिलास खाली करती है तो मुक्की चौकन्ना हो जाता है। वह मुक्की से खाना लगाने को कहती है।

बैंगन का भर्ता आज मुक्की ने बनाया है। वह कुछ दिनों में ही काफी कुछ सीख गया है। हालाँकि मशरूम बनाना उसे अभी तक नहीं आया। इसलिए मशरूम की सब्जी उस स्त्री ने खुद बनायी। घर में पहले एक बूढ़ा गढ़वाली कुक हुआ करता था। उसके जाने के बाद इस स्त्री को किसी का बनाया खाना पसन्द नहीं आया। भर्ता चखने के बाद उसने अपनी नशीली पलकें देर तक झपका कर कहा, ''हूँ...वाह, बहुत अच्छा बना है।''

मुक्की की आँखें मुस्कुराने लगीं। ''आज तुझे इनाम देना पड़ेगा'', कह कर उसने मुक्की को अपने क़रीब बुलाते हुए कहा, ''इधर आ... जरा और पास।''

मुक्की उसके क़रीब पहुँचा तो उसकी आँखों की मदहोशी उच्च रक्तचाप की तरह अचानक बढ़ गयी। मुक्की सहम गया। वह तेज़ी से किचन की तरफ़ भागा और कहता गया, ''मैडम, रोटी जल गयी।''

वह जोर से हँसी। मुक्की जब फिर से आमने-सामने हुआ तो उसने यह जानने के लिए स्त्री की आँखों में झाँका कि तूफ़ान थमा या नहीं। पर आज उसे इस स्त्री की आँखें अम्मा की आँखों की तरह जरा भी नहीं लगीं। उसे निहारते हुए अम्मा की आँखों में गहरी तृप्ति होती थी, लेकिन इस स्त्री की आँखें जाने क्यों बेचैन और अतृप्त लगती हैं। मुक्की ने जैसे अपने आपको अपना ही फैसला सुनाया—यह अम्मा की तरह नहीं है। हालाँकि, अम्मा जैसी न होने से उसकी अच्छाई में कोई कमी आ गयी हो, ऐसा उसे नहीं लगा।

पता नहीं क्यों। क्या इसलिए कि उसकी ज़ुबान पर चूहे का नाम एक बार भी नहीं आया था?

ऊधमगंज की घटना के बाद से चूहा प्रेत की तरह उसका पीछा करता है। पीछा करना उस चूहे के लिए बायें हाथ का खेल है। वह इतना विराट रूप धारण कर चुका है कि एक डग में तीनों लोक नाप सकता है। चूहे का ख़याल आते ही मुक्की के हाथ पसीजने लगते हैं। घबराहट बढ़ जाती है। थूक निगलते वक़्त गले की नली सिकुड़ जाती है। सचमुच कितनी ख़ौफ़नाक़ थी वह घटना जब मुक्की के चार दोस्तों में से एक ने डंडी से चूहा उछाला था। ऊँचा उछल कर नीचे गिरने से फर्श पर थोड़ा खून फैल गया था। चूहे के गिरते ही अहाते के भीतरी भाग से कोई चीखा—"अरे, ये किसने किया? कौन है?"

लड़के शोर मचता देख घबरा गये और सिर पर पैर रख कर भाग खड़े हुए। दुर्भाग्य से भागते हुए पाँच लड़कों में से तीन को पहचान लिया गया था। उनमें से एक साइकिल के पंक्चर लगाने वाले अकरम का बेटा यासीन भी था।

एक अविश्वनीय घटना की तरह उस मोटे और ढीठ चूहे की मौत ने क़सबे की फ़िज़ां बदल दी थी। इससे पहले इस देश के इतिहास में चूहे का मरना किसी घटना की तरह दर्ज नहीं हुआ था।

मरा हुआ चूहा घंटियों वाले अहाते में गिरने से, जहाँ उसे नहीं गिरना चाहिए था, एक भारी गड़बड़ी की शुरुआत हो गयी थी। चूहा गिरने के कुछ ही देर में कहानियों और अफ़वाहों का बाज़ार गर्म हो गया। पहले इस घटना को बयान करने वालों के चेहरे की तरफ़ देख कर लोग हँसते थे, फिर सुनने वालों के होंठों पर हँसी की जगह सिर्फ़ मुस्कुराहट रह गयी। देखते ही देखते मुस्कुराहटें ग़ायब होने लगीं। फिर सुनाने वालों के साथ-साथ सुनने वालों का चेहरा भी विकृत होने लगा। उसके बाद तो लोग झुंड बना कर इकट्ठा होने लगे। कुछ ही घंटों में युवकों की छोटी-छोटी टोलियाँ गली-गली में घूमती नज़र आने लगीं और नारे लगने शुरू हो गये—*'जिसने मारा मूसक राज, कोढ़ में उसके फूटे खाज।'*

अगले कुछ घंटों में क़सबे की सड़कों पर जुलूस नज़र आने लगा था। शाम तक जुलूस बड़ा हो गया। जुलूस में शामिल लोगों की मुट्ठियाँ भिंची हुई थीं। भिंची मुट्ठियों को हवा में उछाल कर वे गला फाड़ रहे थे—*मूसक राज को जिसने मारा, पकड़ के लाओ वो हत्यारा।*

अगली सुबह का जुलूस बहुत बड़ा था। क़सबे के एक छोर से देखें तो वह दूसरे छोर तक ख़त्म नहीं होता था। जुलूस में वाहन सवार भी शामिल

हो गये थे। युवकों के साथ-साथ हर उम्र के लोग नज़र आते थे। आज उन लोगों के हाथ खाली नहीं थे। बताने वाले उनके हाथों में डंडे बताते थे और बढ़ा-चढ़ा कर कहने वाले डंडों को हथियार बना देते थे। इससे अफ़वाहें फैलने लगीं। दहशत बढ़ने लगी।

जुलूस जितना आगे बढ़ रहा था उतना ही बड़ा होता जा रहा था। उतना ही आक्रामक। उतने ही तीखे और आक्रामक उनके नारे होते जा रहे थे। क़सबे के बहुत सारे लोग हैरान थे। एक तो इस बात से कि चूहे का महत्त्व अचानक इतना क्यों और कैसे बढ़ गया? दूसरा, इस क़सबे की आबादी में अचानक इतनी बढ़ोतरी कैसे हो गयी? पता नहीं चूहों की चिन्ता में कहाँ-कहाँ से लोग जुट आये थे। कुछ ही समय के भीतर उनके नारों से यह स्पष्ट हो गया कि वे चूहों की नस्ल बचाने के लिए चिन्तित नहीं थे। वह चूहा ही मायावी था। उसने शरीर फुला कर अपना आकार और महत्व मिथकीय मान्यताओं और विश्वासों से कहीं बड़ा और विराट कर लिया था। इससे पहले कभी यह नहीं हुआ कि मरा हुआ चूहा एक देश और काल में सेंध लगा कर दूसरे में पहुँच गया हो। और असंख्य वर्ष पीछे के अतीत से बिल बनाता भविष्य में प्रवेश कर गया हो।

आगे जो हुआ वह बड़ा ग़ज़बनाक था। जिसमें भाषण थे। भाषणों में चूहा था। हर भाषण के बाद चूहे का आकार मायावी राक्षस की तरह बढ़ रहा था। दूसरी ओर, क़सबे के किसी न किसी छोर पर चूहे से छोटे होते जा रहे प्राणियों के रक्त के धब्बे रोज़ ही दिखाई देते। सुबह बुदबुदाहटें होतीं, दोपहर में हल्ला मचता और रात तक सन्नाटा छा जाता। जो लोग कानों पर हाथ लगा कर सन्नाटे को सुनने की कोशिश करते, उन्हें सिसकियाँ सुनायी देतीं। जो लोग आँखें मूँद कर अपने ही भीतर की आवाज़ों को सुनते, उन्हें प्रार्थनाएँ सुनायी देतीं। विडम्बना यह थी कि प्रार्थनाएं बेअसर हो रही थीं और मौन अकेला पड़ गया था।

इस समूचे घटनाक्रम में मुक्की कहाँ था? वह मुक्की जिसने चूहा मारा था? जिसके बारे में उसके दोस्तों और माता-पिता के अलावा कोई नहीं जानता था कि चूहा उसी ने मारा है। जिसने बचपन से कई चूहे मारे थे और मारे जाते हुए देखे थे। वह मुक्की जो नहीं जानता था कि घटना के चश्मदीद चारों दोस्तों में से घनश्याम उसी की तरह ऊधमगंज छोड़ कर भाग गया था और यासीन लापता बताया जाता था।

दरअसल, चूहे को उछालने और उसे गिरता देखने के बाद लड़के भाग खड़े हुए थे। उनमें से दो लड़के बाज़ार की तरफ़ निकल गये, लेकिन मुक्की

और बाकी दो सीधा घर चले गये थे। उन्हें पता था कि मरे हुए चूहे का घंटी वाले अहाते के अन्दर गिरना ग़लत हो गया। कोई देख लेता तो कुटाई होती। कान पकड़ कर सफाई तो करवा ही लेता। इससे ज़्यादा गम्भीरता इस मामले में कहीं नज़र नहीं आती थी।

घर पहुँच कर मुक्की ने अम्मा को हँसते-हँसते सारी घटना बता दी। उसे इस बात की तसल्ली थी कि चूहा उसने नहीं फेंका। सुन कर अम्मा को भी हँसी आ गयी। लेकिन उसने हँसी दबा कर गुस्सा दिखाते हुए कहा, ''गलत बात है। ये भी कोई खेल हुआ? और घंटी वाले में चूहां फेंकना तो एकदम गलत बात है। ऐसा कौन करता है?''

मुक्की ने सफाई दी, ''अम्मा, हम तो खेल रहे थे, हमें क्या पता वहाँ जाकर गिरेगा।''

अम्मा ने उसे और साथ ही अपने आपको भी समझाते हुए कहा, ''चल, जो हुआ, सो हुआ। अभी हम वहाँ जाकर धुलाई कर आयेंगे। बच्चों की गलती घंटी वाला भी माफ कर देता है।''

मुक्की को भी यह समाधान सही लगा। अम्मा सचमुच कुछ देर में पोचा लगाने का कपड़ा लेकर मुक्की को साथ लिए उस तरफ़ चल दी। उसने सोचा था कि पानी वहीं से ले लेगी और मुक्की के साथ मिल कर वहाँ अच्छी तरह धुलाई कर देगी। लेकिन इतनी देर में माहौल पूरी तरह ब़दल चुका था। वहाँ काफ़ी तीख़ी बहसें शुरू हो गयी थीं। कुछ लोग ज़ोर-ज़ोर से बोल रहे थे और कुछ गुस्से में काँप रहे थे। हर बात में 'चूहा'-'चूहा' सुनायी पड़ता था। इसके अलावा उस किच-किच में कुछ भी साफ-साफ नहीं सुनायी दिया। लेकिन बातचीत से यह आभास दोनों को हो गया कि मामले ने तूल पकड़ लिया है। माँ-बेटे सहम गये। कहाँ का पोचा और कहाँ की सफाई। वे उलटे पैर घर लौट आये। अम्मा को डर था कि पोचा लगाने की कोशिश की तो वे लोग मुक्की को वहीं पटक कर मारेंगे।

वे दोनों घर पहुँच कर इस तरह बैठ गये थे मानो साँप सूँघ गया हो। अम्मा की समझ में नहीं आ रहा था कि एक छोटी सी ग़लती इतना गम्भीर मसला कैसे बन सकता है?

शाम घिर आयी तो किसी के तेज़-तेज़ कदमों से घर की तरफ़ आने की आहट सुनायी दी। दोनों ही सतर्क हो गये। मुक्की का कलेजा धक्क से रह गया। जब से घर वापस आये, दोनों ही हर आहट पर चौंक जाते थे। कदमों की आहट धीरे-धीरे नज़दीक आने लगी। ग़नीमत थी कि यह बाबू के

आने की आहट थी। दोनों की साँस में साँस आयी। किन्तु यह क्या, बाबू ख़ुद बदहवास से चले आ रहे थे। अम्मा कुछ पूछे इससे पहले ही उन्होंने एक साँस में कहना शुरू किया– "अरे, गजब हो गया।...एक चूहे के चक्कर में बवाल मच गया... लोग बहौत गुस्से में हैं।"

"चूहे के चक्कर में बवाल?" अम्मा का कलेजा मुँह को आ गया। बाबू ने घड़े से पानी निकाल कर एक साँस में पूरा गिलास पीने के बाद मुँह पोंछते हुए कहा, "बड़ी मुश्किल से घर पहुँचा हूँ। बाहर तो हाल खराब है। कहते हैं, किसी ने चूहा मार दिया।"

"चूहा मार दिया...? तो? लोग चूहे मार कर रोज ही गली में फेंके रहते हैं।" अम्मा ने लगभग खीझ कर कहा तो बाबू चौंके। अम्मा ने कभी कोई सवाल नहीं किया था। इस तल्ख़ी के साथ तो कभी नहीं। अम्मा सिर्फ़ सुनती थी, जैसे विद्यार्थी अध्यापक को सुनते हैं। इसीलिए बाबू ने अम्मा के चेहरे की तरफ़ देखा। वे इस बदलाव को समझने की कोशिश कर रहे थे। फिर उन्होंने अचकचाते हुए जवाब दिया, "पता नहीं।...बात मेरे पल्ले भी नहीं पड़ी।...लेकिन जिधर देखो, यही चरचा है। कुछ लोग बहौत गुस्से में हैं।"

अम्मा बुरी तरह डर गयी "गुस्से में हैं? चूहे के लिए...?"

वह सवाल पूरा भी नहीं कर पायी कि बाबू ने सख़्ती के साथ जबड़े भींच कर अपने ही होंठों पर उँगली रखी और धीमी आवाज़ में कहा, "चुप। धीरे से बोल। चूहे को चूहा कहने में भी वे लोग उखड़ जाते हैं।"

"मतलब?...चूहे को चूहा नहीं कहें तो क्या बाबू कहें?" अम्मा को शायद पहली बार गुस्सा आ रहा था। बाबू ने इस बार और सख़्ती के साथ चुप रहने को कहा "चुप। ...मामला तेरी-मेरी समझ से बाहर का है। वो लोग चूहे को मूसक कह रहे हैं।...अब बता, तू क्या समझी मूसक का मतलब? ...हमने तो जिनगी भर चूहे को चूहा ही कहा-कहा कि नहीं?"

अम्मा का सिर चकराने लगा। कुछ समझ में नहीं आता था। इतना स्पष्ट था कि ये हालात बिगड़ने के संकेत हैं। उसके धैर्य का बाँध टूट गया तो रोने लगी, "चूहे को तो बच्चों ने खेल-खेल में मारा। उनकी कोई गलती नहीं है।"

"बच्चों ने मारा?... किन बच्चों ने?"

"मुक्की के हाथ में डंडा था...उसने खेल-खेल में...।"

बाबू की आँखें फटी रह गयीं। सिर पकड़ कर नीचे बैठ गये, जैसे उन्हें चक्कर आया हो। कुछ क्षण रुक कर फूटे तबले की तरह भर्राये हुए बोले, "इसने मारा?...और फिर वहाँ...वहाँ फेंक दिया?"

"नहीं, इसने नहीं फेंका। बच्चे मरा हुआ चूहा एक-दूसरे पर उछाल रहे थे...आख़िरी बार घनश्याम ने उछाला...।"

बाबू ने बेटे की तरफ़ इस उम्मीद के साथ देखा, जैसे कह रहे हों कि वह इस आरोप से इनकार कर दे। मुक्की रोने लगा। बाबू की आख़िरी उम्मीद भी टूट गयी। उसकी ओर देख कर लगभग रुआँसे स्वर में बोले, "ये क्या कर दिया रे तूने ...कितनी बड़ी मुसीबत खड़ी कर दी... अब मैं क्या करूँ?"

वे लगातार कसमसा रहे थे। कभी माथा पकड़ लेते, कभी कमीज के अन्दर हाथ डाल कर सीना सहलाने लगते, कभी बालों में खुजली करते हुए उन्हें नोचते। उनकी हालत देख मुक्की और ज़ोर से सिसकने लगा। अम्मा के आँसू रुकने का नाम नहीं ले रहे थे। तीनों की छटपटाहट में एक ही सवाल छुपा था। अब क्या होगा? मुनिया घटनाक्रम को समझे बिना ही रोये जा रही थी। उसे इतना पता था कि कुछ तो ग़लत हो गया।

ऊधमगंज में अगले कुछ दिनों में हालात बदतर होते चले गये। जुलूस की लम्बाई के साथ ख़ाकी वर्दी वालों की संख्या भी बढ़ती गयी। वे कहीं से आते और क़सबे में बिला जाते। बाबू ने तय कर लिया था कि वे सब कुछ साफ-साफ बता देंगे। उन्हें लगता था कि यह सब ग़लतफ़हमी की वजह से हो रहा है।

दूसरे दिन वे जुलूस के पीछे-पीछे चौक पहुँच गये। मौक़ा देख कर उन्होंने जुलूस का नेतृत्व कर रहे लम्बे-चौड़े युवक से तक़रीबन गिड़गिड़ाते हुए कहा—"बाउजी, मुझे पता है कि ये सब क्यों हो रहा है। मैं जानता हूँ।"

"हम सभी जानते हैं," कह कर उसने नारा लगाया—*"वह चूहे की मौत मरेगा"*, भीड़ ने एक स्वर में कहा, *"जिसने मूसक मारा है।"*

बाबू जुलूस के साथ-साथ आगे बढ़ रहे थे। हर नारे के साथ उनकी हिम्मत एक टुकड़ा टूटती और जुलूस के मार्ग में बिखर जाती। युवक पसीने से लतपथ हो गया था। उसका चेहरा इतना कठोर था कि उससे बात करने का साहस उन्हें नहीं हो रहा था। फिर भी वे हिम्मत जुटा कर दुबारा बोले—"चूहे को...मेरा मतलब मूसक को मारना मज़ाक था, बाऊजी। बच्चों ने...।"

उसने पूरी बात सुने बग़ैर ही नारा लगा दिया—*"जिसने ये मज्जाक किया है"*, भीड़ ने कहा, *"उसे मजा चखाएँगे।"*

बाबू ने लगभग रोते हुए कहा—"बाऊजी...ऐसा कोई मज़ाक नहीं था। बच्चे खेल रहे थे।...सब खेल-खेल में हो गया।"

जुलूस का नेतृत्व कर रहे लगभत तीस साल के उस युवक ने बाबू की तरफ़ देखे बिना और ज़्यादा जोश में, और ज़्यादा फड़कता हुआ नारा लगाया।

नारे की आक्रामकता से जुलूस में जोश भर गया। नारे तेज़ होते गये। लोग आगे बढ़ते रहे। बाबू धीरे-धीरे पिछड़ने लगे। वे पिछड़ते चले गये। आख़िरकार जुलूस ओझल हो गया और बाबू सड़क के बीच अकेले रह गये।

वे निराश होकर घर लौट आये। घर आने तक वे एक सख़्त फैसला ले चुके थे। ऐसा फैसला जिसमें सीने पर पत्थर रखना पड़े तो भी वे तैयार थे। बहुत थके स्वर में उन्होंने अम्मा से कहा, "कोई फायदा नहीं। कोई नहीं सुनता।...सुनने को तैयार ही नहीं है।"

अम्मा ने घबरा कर पूछा, "अब क्या होगा?"

"पता नहीं क्या होगा," कह कर बाबू मुक्की की ओर पलटे और फैसला सुनाने के अन्दाज़ में बोले, "चल रे, खड़ा हो जा।"

अम्मा रोने लगी, "क्या करते हो, उन्हें सौंप दोगे? वो मार डालेंगे।"

बाबू कुछ बोले नहीं। उन्होंने अंटी से दो सौ रुपये निकाले और मुक्की को थमाते हुए कहा, "ये ले ...और निकल ले। कहीं भी निकल ले। जो भी बस मिले उसमें बैठ कर चला जा।...वरना ...कुछ भी हो सकता है।"...

बाबू फूट-फूट कर रोने लगे थे। मुक्की ने उन्हें इतना असहाय कभी नहीं देखा था। अम्मा ने बाबू को झिंझोड़ते हुए पूछा, "ये क्या कह रहे हो, कहाँ जायेगा वो?"

"यहाँ रहेगा तो मारा जायेगा।" बाबू ने सख़्त लहजे में अपने ही फैसले पर मुहर लगा दी।

मुक्की ने आँसू पोंछे, थैले में एक जोड़ा कपड़े, कच्छा-बनियान डाला और तेज़ कदमों से स्टेशन की तरफ़ निकल पड़ा। सख़्त बने बाबू जब फटे तो उस खँडहर घर में लगे मकड़ी के जाले हिलने लगे। घोंसला बना कर बैठे कबूतर डर गये। लेकिन अम्मा बुत बनी रही। मुनिया रोते-रोते अब भी समझने की कोशिश कर रही थी कि ऐसा क्या हो गया।

आकाश में चीलें मँडरा रही थीं। डरे हुए कौवे लगातार काँव-काँव कर रहे थे। हरदम भौंकते रहने वाले गलियों के आवारा कुत्ते ग़ायब थे। तीन दिन के भीतर क़सबे में शान्ति छा गयी थी। ऐसी शान्ति जो काफ़ी अशान्त कर रही थी। जिसमें साँस घुटती थी। चीखने को मन करता था लेकिन चीख निकलती नहीं थी। जिसमें भाँग के नशे की तरह डर लगता था। सड़कें भुतहा बँगलों की तरह वीरान हो गयी थीं। कोई उन पर चलना नहीं चाहता था। भूले से अगर कोई दिखाई भी देता तो खदेड़े गये कुत्ते की तरह चौंक-चौंक कर पहले इधर-उधर देखता, फिर कदम आगे बढ़ाता। सबसे ज़्यादा व्यस्त रहने वाले

चौक पर सनसनाती हवा सीटियाँ बजा रही थी। घंटे-दो घंटे बाद अचानक बूटों की आवाज़ें आतीं और तेज़ी से क़रीब आते हुए मन्द पड़ती जातीं और फिर से शान्ति छा जाती। कभी हूटर बजाता कोई अकेला वाहन सड़क के सीने को चीरता हुआ निकलता और उसके जाने के बाद और ज़्यादा घनघोर सन्नाटा छा जाता। दहशत कम करने के लिए जो भी उपाय किये जा रहे थे, उनसे दहशत और बढ़ रही थी।

ऊधमगंज से मुक्की जिस बस में सवार हुआ था, वह पिछले एक हफ़्ते में चलने वाली आख़िरी बस थी। उसके बाद वहाँ से सवारियाँ लेकर कोई बस नहीं चली, और न कोई ऊधमगंज आयी। उस बस ने मुक्की को पहाड़ों की तलहटी में बसी कोई छोटी-सी जगह लाकर छोड़ दिया था। यह उत्तराखंड का गाँवनुमा टाउन था, जो ऊधमगंज की तुलना में थोड़ा साफ-सुथरा था। आबादी कम थी और भागमभाग भी। यहाँ से पहाड़ साफ दिखायी देते थे। कुछ किलोमीटर बाद ही चढ़ाई शुरू हो जाती और मौसम बदलने लगता। स्टेशन पर उतरने के बाद मुक्की ने सोचा, अब जो भी करना है, उसी को करना है। यहाँ कोई मददगार नहीं होगा। चलते वक़्त बाबू ने कुछ हिदायतें देने के साथ-साथ इसका संकेत भी कर दिया था। ‘‘तू कहाँ जायेगा, क्या करेगा, मैं नहीं जानता। समझ ले कि आज से तू बड़ा हो गया।’’

इस टाउन में पहुँच कर उसे लगा कि वह बड़ा होने की जगह छोटा हो गया है। उसे डर लग रहा था। घबराहट होती थी। बुक्का फाड़ कर रोने को मन करता था। पेट का तो पता नहीं, पर एक चूहा दिमाग़ को लगातार रौंद रहा था।

इस अजनबी जगह में रहते जब तीन-चार दिन हो गये तो चूहों ने पेट में लम्बे-चौड़े बिल बना दिये। शायद उसी से ऐंठन हो रही थी। ऐंठन उसे यहाँ से वहाँ भटका रही थी। भटकने से ऊर्जा नष्ट हो रही थी और कमज़ोरी घेरने लगी थी। अन्ततः उसने तय कर लिया कि अब कुछ न कुछ करना होगा। यह तय करता हुआ वह सड़क किनारे के एक घर के पास जाकर ठिठक गया। एक अधेड़ महिला उसे ग़ौर से देख रही थी। मुक्की के बाल बिखरे हुए थे। चेहरे और हाथ-पैरों में धूल जम चुकी थी। कपड़े बदरंग हो गये थे। यहाँ उसके क़सबे की तुलना में सर्दी भी कुछ अधिक थी। वह ठंड खा चुका था और खाँस रहा था। खिचड़ी बालों वाली उस महिला ने उसकी मानसिक स्थिति का जायजा लेने के लिए आवाज़ दी–‘‘भाऊ, इधर आ।’’

मुक्की डरते-डरते उसके थोड़ा क़रीब चला गया। महिला ने पूछा, ‘‘रोटी

खाएगा?"

उसने इतनी ज़ोर से गर्दन हिलाई कि महिला को उसकी भूख की तीव्रता का पता चल गया। उसने मुक्की से वहीं ठहरने के लिए कहा और अन्दर से दो रोटी और उसके ऊपर मिर्च का अचार रख कर ले आयी। मुक्की ने रोटी हाथ में ली, उसका रोल बनाया और तेज़ी से खाने लगा। महिला उसे देखती रही। जब उसने आख़िरी निवाला मुँह में डाला, तो बोली, "मैंने पहचान लिया था।"

महिला उसकी भूख को पहचान लेने की बात कर रही थी। लेकिन मुक्की के गले में रोटी जैसे अटक गयी। क्या इस महिला ने मुझे पहचान लिया? उसने अपने आप से सवाल किया। लेकिन जवाब महिला ने दिया—"तेरा चूहे जैसा मुँह देख कर मैं समझ गयी थी।"

चूहे का नाम आते ही मुक्की बुरी तरह घबरा गया। हो न हो, इस महिला ने पहचान लिया। चूहा उसके दिमाग़ में फिर से सक्रिय हो गया। उसने फिर कुतर-बुतर शुरू कर दी। महिला ने पूछा, "क्या नाम है तेरा भाऊ, और कहाँ से आया है?"

उसने कोई जवाब नहीं दिया। वह इस तरह पीछे हटने लगा जैसे उसे डर हो कि कहीं वह दबोच न ले। वह अचानक मुड़ा और तेज़ कदमों से उलटी दिशा में बढ़ने लगा। महिला ने फिर आवाज़ दी, लेकिन मुक्की ने पलट कर नहीं देखा। महिला को थोड़ा हैरानी हुई, लेकिन उसकी आशंका विश्वास में बदलने लगी कि हो न हो वह कोई मानसिक रूप से असन्तुलित लड़का है।

मुक्की सचमुच पागलों की तरह भटक रहा था। पानी तो वह किसी भी नल पर अंजुरी से पी लेता, लेकिन समस्या खाने की थी। सोने के लिए वह बस अड्डे के पीछे की तरफ़ बने पेशाबघर के पास चला जाता था। वहाँ चारों ओर से दीवारों की आड़ थी। उस आड़ की वज़ह से, एक तो किसी की नज़र नहीं पड़ती थी, दूसरा हवा नहीं लगती थी। हवा से बचाव बहुत ज़रूरी था, क्योंकि पहाड़ों से सटे इस टाउन की हवा में ठंडक कुछ अधिक थी।

अगले दो दिन मुक्की दूसरे-दूसरे मोहल्लों में घूमता रहा। पर किसी ने खाने को नहीं पूछा। जब भूख बर्दाश्त नहीं हुई तो उसके कदम अपने आप रोटी देने वाली महिला के घर की ओर उठ गये। लेकिन वह कहीं नज़र नहीं आती थी। मुक्की को समझ नहीं आया कि वह अफसोस करे या फिर यह राहत की बात है। मन के किसी कोने में यह भय बैठा हुआ था कि कहीं सचमुच उस महिला ने पहचान न लिया हो। आख़िरकार थक कर वह एक

ढाबे के आगे खड़ा हो गया। इस उम्मीद में कि कुछ खाने को मिलेगा। वहाँ एक अधेड़ व्यक्ति दाल-चावल खा रहा था और दो युवक आलू के पराँठे। कोने वाली मेज के आगे बैठा एक लंबी दाढ़ी और लम्बे बालों वाला बुज़ुर्ग अकेला चाय पी रहा था और कुछ बुदबुदा रहा था। शायद मन्द स्वर में भजन गा रहा हो। मुक्की पराँठे खाने वाले को टकटकी लगाये देखने लगा। ढाबे वाला मुक्की की उम्र के एक लड़के को निर्देश दे रहा था– साब को दाल दे, वो कोने वाले भय्या को पानी दे और खाली मेज पर कपड़ा मार।

मुक्की को देख वह ढाबे वाला लड़का ठिठका और उसकी खिल्ली उड़ाने के अन्दाज़ में बोला "अबे ओ, फटी पतलून! क्या देख रहा है?"

मुक्की ने कोई जवाब नहीं दिया तो वह थोड़ा ग़ुस्से से बोला, "ओए, तुझसे बात कर रहा हूँ...ढीला है क्या?"

मुक्की फिर भी चुपचाप खड़ा रहा। लड़के ने हाथ में पकड़ा जग दिखाते हुए कहा, "अगर पागल है तो खौलता हुआ पानी डालूँगा, बे। मुँह का ढक्कन खोल और फटाफट बोल।"

"पागल नहीं हूँ।" मुक्की ने थोड़ा रूखे स्वर में कहा। वह लड़का उसके अकड़े स्वर से ख़फा होकर बोला, "ओ! बिना बात की अकड़ !! चल पतली गली पकड़।"

ढाबे के मालिक ने अपने यहाँ काम करने वाले लड़के को किसी अजनबी के साथ उलझे हुए देखा तो उसे काम पर लगा कर खुद मुक्की से पूछताछ करने लगा। मुक्की ने अपना और क़सबे का नाम तो सही-सही बता दिया लेकिन घर से भाग आने की वज़ह छिपा गया। ढाबे वाले ने पूछा था, "घर से भागा क्यों? फेल हो गया?"

मुक्की के मन में आया कि 'हाँ' कह दे, लेकिन पढ़ाई के प्रति वह गम्भीर था। इसलिए फेल होने का बहाना करना उचित नहीं लगा। बोला, "पिताजी ने मारा तो भाग आया।"

"मारा क्यों?"

"ऐसे ही।"

"ऐसे ही क्यों? कुछ तो हुआ होगा?"

मुक्की चुप। ढाबे वाले ने फिर पूछा तो मुक्की ने इतनी देर में वज़ह गढ़ ली, "मैं आगे पढ़ना चाहता था।"

"तो रोका किसने था?"

"पिताजी काम पर लगाना चाहते थे।"

ढाबे वाले ने पूछा, ''कितने तक पढ़ा है?''

मुक्की ने बता दिया कि दसवीं की परीक्षा दी है। ढाबे वाले के चेहरे पर प्रशंसा का भाव दिखाई देने लगा। बोला, ''अच्छी बात है।...पर देख, भाग आने से पढ़ाई तो फिर भी छूट गयी ना? क्या फायदा हुआ?...मेरी बात मान, घर लौट जा।''

मुक्की चुप। ढाबे वाले ने कहा, ''देख, तू पढ़ने वाला बच्चा है, मैं तुझे घर वापस जाने का किराया दे सकता हूँ। लौट जा।''

मुक्की को चुप देख कर ढाबे वाला अचानक दार्शनिक अन्दाज़ में बोला, ''देख भाई, ये जो पेट है ना...''

''बड़ी कुत्ती चीज़ है।'' ढाबे में काम करने वाले लड़के ने बीच में टपकते हुए कहा। मालिक ने झिड़की दी, ''चुप बे साले, जब देखो बीच में टाँग मारता है'', फिर मुक्की की ओर मुख़ातिब होकर कहा, ''ये जो पेट है ना... नहीं, तू इस तरह समझ कि ये जो आदमी है ना, ट्रक है। और ये जो पेट है, समझ ले कि डीजल की टंकी है। तो भय्या, ट्रक को चलाना है तो टंकी में डीजल डालना होगा'', कह कर उसने अपने पेट में उँगली मारी, ''इस टंकी को भरने के लिए ही मैं ढाबा चला रहा हूँ। वरना ताला लगा कर कबका भाग गया होता।''

ढाबे का मालिक उदास हो गया। उसका लड़का छोटू फिक्क से हँसा और फिर मुँह पर हाथ रख कर दूसरी तरफ़ देखने लगा। मालिक बोला, ''पता है, मुझे सबसे ज़्यादा बोरियत किस चीज से होती है?...अपने इस ढाबे से, जिसे मैं बीस साल से चला रहा हूँ। और अपनी बीवी से, जो इक्कीस साल से समुन्दर देखने की रट लगाये हुए है।''

दूर से उनकी बातचीत के बीच अपना कान लगाये बरतन धो रहा छोटू इस बार जोर से हँसा। मालिक ने फिर झिड़की दी और मुक्की से बोला, ''मेरा भी मन करता है, सब कुछ छोड़ कर भाग जाऊँ। या फिर बीवी को समुन्दर दिखा लाऊँ।''

ढाबे वाले की उदासी बढ़ गयी थी। कुछ देर बाद उसने वापस अपनी दुनिया में लौटते हुए कहा, ''लौटना चाहता है, तो भय्या, लौट जा। ...अगर नहीं चाहता तो मेरे ढाबे के दरवाज़े खुले हैं।''

मुक्की ढाबे में काम करने को राज़ी हो गया। ढाबे वाले ने उसे खाने के लिए पहले दिन की आलू-मटर की बासी तरकारी के साथ चार रोटियाँ दीं और उसी वक़्त से काम पर लगा दिया।

लेकिन अचानक एक दिन तराई के इस इलाक़े की हवा भी गर्म हो

गयी। पहाड़ों से बहने वाली ठंडी हवा का रास्ता मानो किसी ने रोक दिया हो और यह गरम हवा सीधे ऊधमगंज से आने लगी हो। मुक्की इससे बेख़बर था। वह हवा की गर्माहट को महसूस नहीं कर पाता अगर ढाबे के मालिक ने अख़बार पढ़ कर इसका खुलासा न किया होता।

उस वक़्त ढाबे में बैठा एक युवक चप-चप की आवाज़ करता हुआ छोले-चावल खा रहा था। बीच-बीच में वह उँगलियाँ मुँह के अन्दर डाल कर उन्हें चाट लेता। उसे देख कर मुक्की की भूख बढ़ गयी थी। हालाँकि उसका पेट पिछले तक़रीबन महीने भर से खाली नहीं था। वह यहाँ दोनों वक़्त खाता था। लेकिन काम बहुत था। मुँह अँधेरे ढाबे वाला गैस जला कर चाय चढ़ा देता। कोयले की अँगीठी सुलगा कर उस पर आलू उबालने के लिए रख दिये जाते। यह सिलसिला रात के ग्यारह बजे जाकर ख़त्म होता, जब सारा काम समेट कर, बरतन धोकर दोनों लड़के फ़ारिग होते और ढाबे वाला अपने घर जाता। तभी मुक्की को कमर सीधी करने का मौक़ा मिलता। दोनों लड़के रात में ढाबे के अन्दर ही सोते। मुक्की को पिछले एक महीने से कभी ऐसा नहीं लगा कि वह भर नींद सोया है। रात में साढ़े ग्यारह या बारह बजे बिस्तर पर गिरता और सुबह लगता कि अभी-अभी तो सोया था।

दोपहर का वक़्त बीत रहा था। संयोग से ढाबे पर चप-चप की आवाज़ के साथ छोले-चावल खाने वाला युवक ही अकेला ग्राहक था। मालिक अख़बार पढ़ रहा था और दोनों लड़के भी तक़रीबन फुर्सत में थे। अचानक ढाबे वाले ने अख़बार में नज़र गड़ाये हुए चपचपिया युवक को सम्बोधित कर कहा, "परसों दुकान बन्द रखनी पड़ेगी। मूषक रक्षा यात्रा निकल रही है।"

युवक ने लापरवाही से जवाब दिया, "फिर तो चूहों की आबादी आदमियों के लिए ख़तरा बन जाएगी।"

उसने अपनी ही बात पर ठहाका लगाया। मुक्की के कान खड़े हो गये थे। वे दोनों बातें करते जा रहे थे और घबराहट में मुक्की का रक्तचाप गिरने लगा था। ढाबे वाला बोला, "पता है, इसकी शुरुआत कहाँ से हुई?"

उस युवक ने खाते-खाते हाथ रोक कर ढाबे वाले की तरफ़ देखा, तो वह बोला, "कुछ दिन पहले मैंने पढ़ा था कि ऊधमगंज में किसी ने चूहा मार कर...।"

"तभी इतना ऊधम मचा है!" कह कर युवक ने फिर ठहाका लगाया। ढाबे वाला मुक्की की ओर मुड़ा, "अरे तू भी तो ऊधमगंज का है !" ढाबे का मालिक कुछ और कहता इससे पहले छोटू बोल पड़ा, "कहीं इसी ने तो नहीं मारा? ये चेहरे से ही चूहामार लगता है।"

इस बार ढाबे का मालिक और छोटू एक साथ हँसे थे। मुक्की के हाथ से दूध का भगोना फिसलते-फिसलते बचा। उसे लगा, जैसे वह पकड़ा गया है। हालाँकि वह जानता था कि मज़ाक चल रहा है, लेकिन फिर भी वह घबरा गया। चपचपिया युवक के जाते ही उसने मालिक से कहा कि वह जाना चाहता है। ढाबे का मालिक हैरान था। पूछने लगा, ''अरे, क्या हो गया, छोटू की बात का बुरा लग गया क्या?''

''नहीं, मुझे जाना है।''

''पर अचानक क्या हुआ?''

''कुछ नहीं। बस, आप मेरी तनख्वाह दे दो।''

''अरे भय्या, जाना है तो ठीक है, लेकिन बात क्या हुई? क्या घर वापस जाएगा?''

''हाँ।''

''ऊधमगंज का नाम लेने से घर की याद आ गयी?''

''हाँ।''

चूहे की चर्चा ने मुक्की को अचानक असन्तुलित कर दिया था। उसे बड़ी कोफ़्त हो रही थी कि चूहा उसका पीछा करता हुआ यहाँ भी आ गया। उसने तय कर लिया था कि यह जगह भी रहने योग्य नहीं। उसकी ज़िद पर शाम होने तक ढाबे के मालिक ने उसका हिसाब कर दिया। एक पैंट और कमीज उसने इस दौरान ख़रीदी थी, जिसके पैसे ढाबे वाले ने काट लिए। बचे हुए सात सौ रुपये से वह इतनी दूर चले जाना चाहता था, जहाँ किसी हालत में चूहा न पहुँच पाये। बस अड्डे पहुँचने पर उसे दिल्ली की बस खड़ी दिखायी दी। उसने सुन रखा था कि दिल्ली दूर है। उसकी आँखें उस दूरी की कल्पना करते हुए झिप-झिप करने लगीं।

इस स्त्री के घर मुक्की ने जीवन में पहली बार कीवी का स्वाद लिया, पिज़्ज़ा खाया, मुर्गा उड़ाया। पहली बार मखमली बिस्तर को छुआ, माइक्रोवेव पर खाना गरम करना और पकाना सीखा, अमरूद और लीची का जूस पिया। पहली बार बयालीस इंच के टीवी पर अंग्रेजी फिल्में देखीं, उस खूबसूरत स्त्री के बगल में बैठ कर कार में घूमा, उसकी उँगलियों का स्पर्श पाया, लक्स साबुन से नहाया, उसके लूफ़ा से एक बार चुपचाप पीठ रगड़ी। कई बार फुस-फुस से काँख सुगन्धित की और रोज़ सुबह इतालवी कमोड पर बैठ कर फ़ारिग हुआ। मुक्की के लिए यह सब विलासिता की सीमा थी। उसे लगता था, इसके पार और इससे ज़्यादा शायद दुनिया में कुछ और न हो। वह जब भी किसी दिन ऊधमगंज लौटने की कल्पना

करता, तो सोचता कि बाबू, अम्मा और मुनिया को बतायेगा, दुनिया कितनी बड़ी है और उसमें खाने-पीने व बरतने के लिए कैसी-कैसी चीज़ें हैं। हालाँकि दोस्तों को लेकर उसे आशंका थी। दोस्त उसकी बातों पर शायद ही यक़ीन करें। खास तौर से, इस बात पर तो कोई विश्वास करने वाला नहीं था कि एक खूबसूरत स्त्री उसे फूलों की घाटी में ले जाकर मदहोश करती होगी।

पढ़ाई के बारे में सोचने का अवकाश यहाँ नहीं था। यहाँ तक कि उसे अपना परीक्षा परिणाम भी पता नहीं चल पाया था। उसने कोशिश ही नहीं की। उसकी पढ़ाई को लेकर उस स्त्री ने कभी कोई दिलचस्पी नहीं दिखायी। शायद उसे मुक्की की अब तक की पढ़ाई बेमतलब लगती हो, जिसने उसे शुद्ध उच्चारण तक नहीं सिखाया था। जिसने उसे शहर के नर्सरी के बच्चों जितनी सामान्य समझ भी नहीं सिखायी। शायद उस स्त्री को ऐसा ही लगता हो। क्योंकि वह उसे ग़लत उच्चारण करने पर टोकती थी और उसके सामान्य ज्ञान पर तरस खाती थी। यह भी हो सकता है कि आगे की पढ़ाई को लेकर कोई ज़िक्र न करने के पीछे, दूसरा ही कारण हो। पर जो स्त्री इतने प्यार से गालों पर हाथ और बालों में उँगलियाँ फिराती हो, उसके व्यक्तित्व के किसी अन्य पहलू पर ग़ौर नहीं किया जा सकता था।

यहाँ उसकी पढ़ाई तो बेशक छूट गयी लेकिन उसने सीखना शुरू किया था। उसने समझना भी शुरू किया था। मसलन, कल की ही बात है, उस स्त्री ने उसे बेवज़ह छाती में भींच लिया तो मुक्की को लगा कि उसे समझना थोड़ा मुश्किल है। उतना ही मुश्किल जितना उस सुर्ख़ पेय की तासीर को समझना, जिसे पीने से वह गुब्बारे की तरह हल्की हो जाती थी और हवा के रुख के साथ उड़ने लगती थी। उसके व्यवहार में कुछ असहज ज़रूर था। हालाँकि उसने नकारात्मक ख़याल को झटक दिया था। यह सोच कर कि हो सकता है वह स्त्री अपनी जगह ठीक हो और उसका सोचना ही ग़लत हो। जब उसने यक़ीन करने के लिए उस स्त्री की आँखों में झाँका तो कुछ समझ नहीं आया। उलटा, यह भरोसा ज़रूर डगमगा गया था कि वह अम्मा की तरह लगती है। उसकी आँखों की थाह नहीं मिल रही थी। वे सुरंग की तरह लगती थीं– अन्दर...अन्दर...और अन्दर...और अन्दर।

सूरज अभी डूबा नहीं था। उस भली और कुछ-कुछ अबूझ स्त्री का पति लौट आया था। बाहर मौसम हालाँकि ठीक था, लेकिन घर में अचानक उमस भर आयी थी। शाम ढलते-ढलते पति-पत्नी साथ बाहर निकले थे। काफ़ी अरसे बाद दोनों साथ निकले। उन्होंने बहुत सारी ख़रीदारी की और कुछ घंटों में कई

सारे थैलों के साथ वापस आ गये थे। इस सामान के साथ वे मुक्की के लिए टी-शर्ट के अलावा एक पहेली भी लाये थे। दरअसल, उस स्त्री ने थैले से एक बड़े बाउल में ढेर सारी टँगड़ियां उलट दी थीं। मुक्की हैरान था। उसने गिनती की तो चौदह टाँगें थीं। उसके लिए पहेली यह थी कि चौदह टाँगों का मतलब सात मुर्ग़े। मुर्ग़े आख़िर कहाँ गये? उसने बहुत सोचा। उस स्त्री से पूछने का विचार भी मन में आया लेकिन उसके पति की उपस्थिति में पूछ नहीं पाया। यह बात उसकी कल्पना से परे थी कि टँगड़ियाँ अलग से बिकती होंगी। उनके क़सबे में तो पूरा मुर्ग़ा बिकता था या आधा। उसने आख़िर इस पहेली को हल किये बिना ही छोड़ दिया—पता नहीं ये बड़े लोग कैसे-कैसे पागलपन करते हैं। ऐसी भी क्या बर्बादी कि मुर्ग़ा छोड़ आओ और टाँगें खाओ?

थोड़ी देर में रात घिर आयी। आठ बजे तक उस स्त्री ने मुक्की की मदद से टँगड़ियाँ ग्रिल कर दीं। खीरा, टमाटर, गाजर, मूली, चुकंदर और पत्ता गोभी काट कर सलाद तैयार किया गया। उसे काटने से कहीं ज़्यादा वक़्त लेकर सजाया गया। यह बात भी मुक्की की समझ में अब तक नहीं आयी थी कि जो चीज़ पेट में जानी हो उसे ये लोग इतना सजा कर क्यों खाते हैं?

सलाद तैयार हुआ ही था कि दरवाज़े की घंटी बजी। कोई बहुत ही सलीकेदार युवक हाथ में दो पैकेट लेकर खड़ा था। स्त्री ने उसे पैसे दिये और पैकेट ले लिये। एक थैले में चिकन टिक्का और कबाब और दूसरे में पनीर टिक्का था। उन्हें भी प्लेटों में सजा दिया गया। जिस कमरे में यह सब सजा कर रखा गया, वहाँ उस स्त्री का पति पहले से बैठा था। उसके सामने लैपटॉप रखा था और कुछ कागज़ मेज पर फैले थे। उस कमरे में उसने बार बना रखा था। जिसमें बोतलें ही बोतलें थीं। एक से एक खूबसूरत। कोई ठिगनी, कोई मोटी, कोई टेढ़ी, कोई बहुत छोटी और कोई इतराती हुई-सी पतली। उन बोतलों के रंग भी अलग-अलग थे— कोई हरी, कोई लाल, कुछ गहरी भूरी और कुछेक पारदर्शी। पहली बार यह सब देख कर मुक्की की आँखें फटीं रह गयी थीं। दिमाग़ पर काफ़ी जोर देने के बाद वह इस नतीजे पर पहुँचा था कि हो न हो इस आदमी की शराब की दुकान होगी।

उस स्त्री के पति ने बहुत सोच-विचार के बाद एक हरे रंग की बोतल निकाली और मेज पर रख ली। बोतल का ढक्कन खोल कर उसने एक खूबसूरत गिलास को चौथाई भर दिया। फिर उसने एक चिमटी से चार आइस क्यूब गिलास में डाले और धीरे-धीरे घूँट भरने लगा। वह लैपटॉप की तरफ़ थोड़ा झुक कर काम भी करता जा रहा था। वह बड़ी तल्लीनता से काम कर रहा

था। यहाँ तक कि उस स्त्री ने खाना खा लिया। मुक्की ने खा लिया, पर वह बैठा ही रहा। वह काम करता जाता था और घूँट-घूँट पीता जाता था। आख़िर उसने पत्नी से उसका खाना मेज पर रख कर सो जाने को कह दिया।

अगली सुबह तैयार होने के बाद उसने पत्नी को सूचना दी कि उसे अभी निकलना है। तीन दिन बाद लौटेगा। उसने अपने ब्रीफकेस से चेकबुक निकाली और डाइनिंग टेबल पर बैठ कर उसे भरने लगा। चेक भरने के बाद पत्नी को थमाते हुए बोला, ''आज एक पब्लिशर आयेगा मोहन चन्द। ये तीन लाख का चेक उसे दे देना।''

पत्नी चेक देख कर थोड़ा हैरान हुई तो पति ने कहा, ''वो लोग चाहते हैं। चाहते क्या हैं, उन्होंने साफ-साफ कहा कि ये आपको करना है।... कोई बुक है शायद, या बुकलेट है, जिसे देशभर में बाँटा जाना है। दिल्ली की ज़िम्मेदारी उन्होंने मुझ पर डाली है।''

''छह महीने बाद फिर माँगेंगे...अक्टूबर में ही तो चुनाव होने हैं।''

''क्या कर सकते हैं? समझ लो कि ये भी इन्वेस्टमेंट है।'' इतना कह कर वह तेज़ी से घर से बाहर निकल गया।

वह उखड़-सी गयी थी। इसकी वज़ह वही जानती थी। अपने व्यवहार से उसने वज़ह ज़ाहिर नहीं होने दी थी, लेकिन उदासी वह छुपा नहीं पा रही थी। हो सकता है वह तीन लाख रुपयों को लेकर नाख़ुश हो। लेकिन तीन लाख रुपये उसके लिए इतनी बड़ी रक़म नहीं लगती थी, जो मुस्कुराहट छीन ले। हो सकता है, पति के यों अचानक चले जाने से वह उखड़ी हो। रात में पति देर तक पीता और काम करता रहा और सुबह-सुबह निकल गया था।

प्रकाशक दोपहर बाद आया। उसके साथ दो लड़के भी थे, जो नायलॉन की रस्सी से बँधे पुस्तिका के कई बंडल हाथों में लिये हुए थे। स्त्री ने हैरानी से पूछा कि यह सब क्या है। प्रकाशक बोला, ''बुकलेट हैं मैडम।''

''ओह, ठीक है। लेकिन ये ...सीधे उन्हीं को क्यों नहीं पहुँचा दीं?''

''मुझे लगा मैडम, जो पेमेंट कर रहा है माल उसी को डिलीवर करना चाहिए।'' इतना कह कर उसने किसी को फोन मिलाया और फिर उस स्त्री से बोला, ''बोल दिया मैडम, वो लोग यहाँ से उठा लेंगे।...ये पचास हजार प्रतियाँ हैं मैडम।''

''चलो, ठीक है, स्टोर में रखवा दो।'' कह कर उसने प्रकाशक को चेक थमा दिया था।

उदासी गहरी थी, जिसने रात तक उसके चेहरे को काफ़ी निचोड़ दिया

था। आज उसने सहेलियों के साथ जाने से भी मना कर दिया। वरना, पति की अनुपस्थिति में वह अक्सर उनके साथ बाहर लंच करती थी। कभी-कभी डिनर भी बाहर होता। वे औरतें रोज किसी नये रेस्तराँ के बारे में चर्चा करतीं। कभी कनाट प्लेस जाकर बेबी ड्रैगन में चायनीज खाते। कभी साउथ इंडियन खाने के लिए हौजखास विलेज में नैवेद्यम चले जाते और कभी जामा मस्जिद वाले करीम में नॉनवेज का लुत्फ़ उठाते। पाँच सितारा होटलों में पार्टियाँ करना उनके लिए चाँदनी चौक में खड़े-खड़े लस्सी पीने जैसा था। लेकिन आज उसने सारे कार्यक्रम स्थगित रखे।

मुक्की को उसकी उदासी चुभती थी। उसका मन करता था कि वह ख़ुद उसके बालों में उँगलियाँ फिरा कर उसकी उदासी का कारण पूछे। लेकिन ऐसा साहस वह नहीं कर पाया। शाम सात बजे उस स्त्री ने अचानक जैसे उदासी को झटक दिया और मुक्की की मदद से खाने की तैयारी करने लगी। नौ बजे उसने नहाया। काफ़ी देर तक बाथ टब में बैठी रही। बाहर आयी तो उसी चिरपरिचित भीनी-भीनी गन्ध से पूरा घर महकने लगा था। खाने की मेज पर बैठते हुए उसने दो लम्बे गिलासों में वह अज्ञात लाल पेय उँड़ेला और मुक्की को आवाज़ दी, ''ये ले।''

मुक्की ने उस लाल पेय को हाथों में लेकर एक बार ग़ौर से देखा और फिर उस स्त्री की तरफ़ देखने लगा। वह उसका सवाल समझ गयी थी। बोली, ''एक तरह का जूस ही है। पी ले।''

मुक्की ने उस सुर्ख़ पेय के दो गिलास गटक लिए। वह स्त्री शायद कुछ ज़्यादा ही पी गयी थी। वह लड़खड़ा रही थी, जबकि मुक्की का सिर चकरा रहा था। खाने के बाद उठते हुए उस स्त्री की लड़खड़ाहट साफ देखी जा सकती थी। पर ग़नीमत कि उदासी एकदम ग़ायब थी। सुर्ख़ पेय ने उदासी को अच्छी तरह खदेड़ दिया था। अब उसके चेहरे पर बच्चों जैसी शरारत थी और आँखों में रहस्यमय सुरंग। वॉश बेसिन पर हाथ धोने के बाद उसने पेस्ट किया और मुक्की से बोली, ''रात को पेस्ट करके सोना चाहिए। समझे?...चल पेस्ट कर।''

मुक्की पेस्ट करने उठा तो घुटनों के पास से उसकी टाँगें बार-बार घुच्च से आगे की तरफ़ मुड़ जातीं। शरीर पर सन्तुलन नहीं रह गया था। कभी पेट आगे को चला जाता तो कभी नितम्ब पीछे। पर उसे बहुत मज़ा आ रहा था। उसका मन उस स्त्री के गाल खींचने को करने लगा था। ज़ोर-ज़ोर से बोलने और गाने की इच्छा हो रही था। चूहे को गाली देने को मन करता था।

वह स्त्री मुक्की को देख कर लगातार खिलखिला रही थी। मुक्की भी

बेवजह हँस रहा था। फिर अचानक ही उसने कहा, ''आज आपको उदास देख कर अच्छा नहीं लगा।''

''अच्छा?'' उसने हँसते हुए पूछा और मुक्की के गले में हाथ डाल कर बोली, ''अब मुझे बेडरूम तक कौन छोड़ेगा?''

''मैं'', कह कर मुक्की ने सीना ठोका, ''मैं छोड़ूँगा...मैडम, ज़िन्दगी में कभी भी... कहीं भी छोड़ना हो, ये मुक्की आपको छोड़ेगा...मुक्की!''

''थैंक्यू...।'' उस स्त्री ने मुक्की का हाथ कस कर पकड़ लिया। दोनों झूलते-लड़खड़ाते बेडरूम में पहुँच गये। वहाँ पहुँच कर वह मुक्की का हाथ पकड़े-पकड़े ही बिस्तर पर गिर गयी। उसके साथ मुक्की भी बिस्तर पर आ गया था। वह खिलखिलायी। खूब देर तक खिलखिलाती रही। और फिर लेटे-लेटे ही मुक्की के बाल सहलाने लगी। धीरे-धीरे वह मुक्की की गरदन सहलाने लगी।

सर्वेंट रूम के बिस्तर से यह बिस्तर लाख दर्जे नरम था। उतना ही नरम उस स्त्री का स्पर्श था।

ऐन उसी वक़्त उस स्त्री के मोबाइल की घंटी बज उठी। उसने झुँझलाकर फोन देखा और कॉल रिसीव करते हुए थोड़ा संयत स्वर में बोली, ''हाँ जी, नमस्ते। ...हाँ, बुकलेट आ गयी हैं। ...जी, पेमेंट कर दिया।....आप जब चाहें उठवा सकते हैं।...जी पचास हजार।''

उधर से किसने क्या कहा, मुक्की ने नहीं सुना। लेकिन वह स्त्री क्या बोल रही थी, उसे सुनाई दे रहा था, ''पुस्तिका मैंने देखी नहीं।... मैं लेकर आती हूँ...हाँ जी, कॉल बैक करती हूँ।''

मुक्की को सिर घूमने में बड़ा मज़ा आ रहा था। उससे ज़्यादा मजा फूलों की तरह नरम बिस्तर पर धँसे होने में आ रहा था। शायद उसे उस स्त्री की संगत में भी मज़ा आ रहा था। वह गुनगुनाने लगा। ऊधमगंज से भागने के बाद आज वह पहली बार गुनगुनाया था।

बेडरूम के बगल में ही स्टोर था। वहाँ रोशनी कम थी। वह स्त्री स्टोर से एक पुस्तिका लेकर बेडरूम में आ गयी और मेज पर रखा मोबाइल फोन उठा कर बोली, ''हैलो, ...पुस्तिका का नाम है मूषक महिमा।''

नशे में सुन्न पड़ गये मुक्की के सिर पर जैसे किसी ने पानी की बाल्टी उँड़ेल दी। वह अचकचा कर उठ बैठा। उधर से किसी ने कुछ और पूछा तो वह स्त्री बोली, ''हाँ, एक चूहे का चित्र बना है, उसके सिर पर मुकुट है। बैक कवर?...उसमें...एँ...हाँ, मूषक आरती है।''

उधर से क्या कहा गया, मुक्की ने नहीं सुना। पर स्त्री ने नमस्ते कह

कर फोन रख दिया और बड़बड़ायी "इडिअट, यह कोई वक़्त है फोन करने का!" इतना कह कर उसने बत्ती बुझा दी। बिस्तर पर बैठे मुक्की के गले में हाथ डाल कर वह उसे लिए-लिए फिर से बिस्तर पर लुढ़क गयी।

मुक्की का दम घुटने लगा। जैसे फूलों की घाटी में बंपुलिस का ठेला उलट गया हो। उसे मितली आने लगी।...और फिर पता नहीं क्या हुआ। पाँच मिनट के अन्दर ही मुक्की की चीख सुनायी दी, "मैं दूध नहीं पियूँगा...मैं जहरीला दूध नहीं पियूँगा!"

उस स्त्री ने बत्ती जला दी। मुक्की झटके से उठा और मेज से पुस्तिका खींच कर उसे दोनों हाथों से गुचड़-मुचड़ करता हुआ चिल्लाया, "मैंने मारा था चूहा, मैंने। इस चूहे की ऐसी तैसी!"

उस स्त्री के आश्चर्य का ठिकाना नहीं रहा। अचानक मुक्की को क्या हो गया। वह अपना गाउन सँभालते हुए खड़ी हो गयी। वह आँखें फाड़े मुक्की को देख रही थी। पुस्तिका मसलने के बाद मुक्की बाहर की तरफ़ भागा। भागते हुए वह ड्राइंग रूम में रखे आदमकद टेबल लैम्प से टकराया और फिर सँभल कर दरवाज़े की तरफ़ दौड़ने लगा। महिला ने उसे आवाज़ दी—"मुक्की, रुक, रुक मुक्की...कहाँ जा रहा है?"

वह मुड़ा और एक-एक शब्द पर ज़ोर देते हुए बोला—'उसे मैंने मारा... लेकिन पूतना मुझे नहीं मार सकती...मैं दूध नहीं पियूँगा।'

दरवाजे से बाहर निकलते हुए वह एक क्षण के लिए रुका। वह भली स्त्री घबराई हुई उससे कुछ हाथ की दूरी पर ठिठक गयी थी। उसके गाउन के बटन खुले थे, लेकिन वह इससे बेख़बर थी। वह डरी हुई थी। मुक्की को यक़ीन था कि वह उसे झपट कर पकड़ नहीं सकती। वह दरवाज़े से अन्दर गरदन डालते हुए इस बार पूरी शक्ति लगा कर चिल्लाया—"मैं दूध नहीं पियूँगा... पूतना के हाथ नहीं आऊँगा।"

बाहर निकल कर वह बेतहाश दौड़ने लगा। वह दौड़ता रहा। मुड़-मुड़ कर देखता रहा। कोई उसका पीछा नहीं कर रहा था। लेकिन उसे लग रहा था कि कोई विशालकाय चूहा उसके पीछे पड़ा है। उसने मुकुट पहना है और उसका एक दाँत हाथी के दाँत की तरह फुट भर आगे तक निकला है। वह इतनी तेज़ी से उसके पीछे आ रहा है कि उसका दाँत मुक्की की पीठ में या पिछवाड़े में घुसना, मानो तय है। मुक्की एक हाथ पिछवाड़े पर रख कर और तेज़ दौड़ने लगा है। लेकिन नशे और गुस्से के बावजूद उसे इस बात का मलाल है कि छह महीने का वेतन डूब गया।

मुर्ग़ीख़ाने की औरतें

उसकी खोपड़ी भाँय-भाँय कर रही थी। एक अज्ञात आशंका से दिल बैठा जा रहा था। उस गाँव में वह सूरज डूबने से पहले कभी नहीं गया। आख़िर आज उसे दिन के उजाले में क्यों बुलाया गया। सूरज की उजास से आँखें चुँधिया रही थीं। हालाँकि, धूल उड़ाती जीप की अगली सीट पर बैठे रबिया का ध्यान ठीक मुँह पर पड़ रही धूप की तरफ़ नहीं था। वह इस उधेड़बुन में अटका हुआ था कि आख़िर माजरा क्या है। हमेशा तो उसे रात के अँधेरे में बुलाया जाता है।

सात लोगों के अलावा किसी को पता नहीं था कि वहाँ क्या होने जा रहा है। डोरीलाल के दो लठैतों और जीप के ड्राइवर को भी नहीं। जबकि, ग्यारह किलोमीटर दूर, दूसरे गाँव से रबिया को वे तीनों ही लेकर आये थे। लेकिन फिर भी वे कुछ नहीं जानते थे। उन्हें जितना कहा गया, उतना ही उन्होंने सुना और समझा। वैसे भी वे तीनों डोरीलाल के रोबॉट थे। सवाल करना उन यन्त्रमानवों के काम का हिस्सा नहीं था। यह काम मुक्कान चंद के ज़िम्मे था। इसलिए वे तीनों किसी नाटक के लगभग गूँगे-बहरे पात्रों की तरह अपनी भूमिका निभा रहे थे। जब कहा जाता, तभी वे हाथ और लात चलाते। कह दिया तो लठ भी चलाते थे। बन्दूक चलाने के लिए अब तक कहा नहीं गया था। कहा जाता तो चलाते। यह तय है। हालाँकि इन दिनों वे भी बाकी लोगों की तरह थके-थके और बुझे-बुझे से थे।

दोनों लठैतों के लिए बन्दूकें थीं। बन्दूकें डोरीलाल के घर में टँगी रहतीं। वे दोनों कभी-कभी उन्हें छूकर देख लेते और कभी फ़ुर्सत में उनकी नली साफ करते और बट चमकाते थे। साल में एकाध बार वे बन्दूक में कारतूस भी भरते और तुरन्त ही निकाल लेते। जैसे कारतूस सुँघाने से वह सन्तुष्ट हो जाती हो और घोड़ा दबाने की ज़िद छोड़ देती हो। अन्यथा, बन्दूक उनके हाथ में तभी आती जब कोई बड़ी घटना घट जाये। लठैतों के हाथ में बन्दूक देख कर लोग समझ जाते कि कुछ बड़ा घट गया या घटने वाला है।

ड्राइवर के पास सिर्फ़ खुखरी थी। वह हर वक़्त कमर में खुशी रहती। बीच-बीच में वह बेवजह खुखरी की धार तेज़ करने लगता। जिस दिन ड्राइवर यह क़वायद करता, बच्चे और खेतों में काम करने वाली औरतें सहम जातीं। इधर वह भी धार लगाने में सुस्ती दिखा रहा था। खुखरी की धार को पत्थर पर इस तरह रगड़ता जैसे चन्दन घिस रहा हो।

रबिया जब पहुँचा तो भरी दोपहरी थी। डोरीलाल का कुत्ता धूप से बचने के लिए छाँव में पसर गया था और जीभ निकाल कर लगातार 'हैहै-हैहै' कर रहा था। वह रबिया को देख कर भौंका नहीं। शायद डोरीलाल के कारिन्दों की मौजूदगी के कारण ऐसा हो। या फिर अक्सर रातों में आने वाले रबिया की गन्ध से वह परिचित हो। हो सकता है कि बाक़ी लोगों की तरह कुत्ता भी इन दिनों थकान महसूस कर रहा हो।

डोरीलाल के घर के बाहर जीप से उतरते ही रबिया के कदम धरती से चिपकने लगे। पता नहीं अन्दर क्या होने वाला है। चाल में ढिलाई देख दोनों लठैतों ने रबिया को घर के अन्दर लगभग ठेल दिया और आँगन में बैठ कर सुस्ताने लगे। वे ख़ुद थक गये थे। रबिया के पहुँचते ही घर की औरतों से कह दिया गया कि इधर मर्दों की बात पर क़तई ध्यान न दें। कोई भी औरत दरवाजे पर कान लगाये या इस तरफ़ ताक-झाँक करती पकड़ी गयी तो उसके कान काट कर कौवों को डाल दिये जाएँगे। इस फ़रमान से औरतें दहशत में थीं। बच्चों ने डर कर अपने कानों पर हाथ रख लिए थे।

धड़कनें बढ़ने का दिन

बैठक के फर्श पर बड़ी-सी दरी बिछी थी। दरी के एक छोर पर सफेद चादर बिछा दी गयी थी। चादर के ऊपर, दीवार की तरफ़, पाँच गावतकिये लगे थे। तकियों से पीठ टिकाये पाँच बूढ़े गुमसुम बैठे थे। डोरीलाल बीच में थे। उनके सामने हुक्का रखा था, जिसे अभी किसी ने गुड़गुड़ाया नहीं था। उनके ठीक पीछे, जबरन घुसता हुआ-सा मुक्कान चंद बैठा था। वह पजामे के नाड़े की तरह डोरीलाल के जीवन का अनिवार्य हिस्सा था। उन लोगों में अकेला वही था जिसके बाल काले थे। ज़ाहिर है, वह सबसे कम उम्र का था। लेकिन फिर भी वह बूढ़ा लगता था। कभी-कभी झुक कर चलता था। चलते वक़्त दोनों हाथ कमर के पीछे रख लेता। पिचकी पसलियों के नीचे तोंद उबले अंडे की तरह बाहर निकल आयी थी। इकत्तीस साल के मुक्कान को अस्सी पार के बूढ़ों तक को सलाह देने की छूट थी। इसलिए नहीं कि वह बूढ़ा लगने

लगा था। इसलिए कि उसके पास बूढ़ी अक़्ल थी। उसने गाँव में मँजे हुए सलाहकार की ख्याति अर्जित कर ली थी।

दरी के उस हिस्से में, जहाँ चादर नहीं बिछी थी, रबिया बैठ गया था। वह गुमसुम बैठे बुज़ुर्गों के ठीक सामने, उनकी तरफ़ मुँह किये हुये था। वह सबकी नज़रों के केन्द्र में था, लेकिन फिर भी कोई उसकी तरफ़ सीधे नहीं देख रहा था। रबिया खुद भी बूढ़ा और डरा हुआ लग रहा था। यों अभी वह भी बूढ़ा नहीं हुआ था। पहुँचने के साथ ही मुक्कान ने उसे बता दिया कि यह बन्द पंचायत उसी के मसले पर हो रही है। यह सुनने के बाद उसकी धड़कनें तेज़ हो गयी थीं।

उसने बहुत सोचा। मसलन, जो काम उसे सौंपा गया, आज तक उसे बख़ूबी निभाता आया। किसी नियम-क़ायदे का कभी उल्लंघन नहीं किया। न कभी आँखों की पट्टी खोलने की कोशिश की और न कभी मुँह खोला। दिन के उजाले में कभी उस गाँव में नहीं आया। औरतों से कभी बात नहीं की। बच्चों को कभी पुचकारा नहीं। फिर ऐसा क्या हो गया कि उसे भरी दोपहरी में बुलाया गया?

अचानक मुक्कान ने अपनी जगह बैठे-बैठे ही ऊँट की तरह गर्दन आगे की और डोरीलाल के कान में फुसफुसाया, "औरतां का के भरोस्सा?"

डोरीलाल ने बात को सही सन्दर्भ में समझने की ग़रज़ से उसकी आँखों में झाँका। मुक्कान झट से बोला– "यो कह कै हमनै गल्ती कर दी ताऊ, के इस तरफ़ ध्यान ना देणा। इब शायद वे ज़ाणबूझ के ध्यान देण की कोशिश करैं।"

डोरीलाल ने सहमति में गर्दन हिलायी, जोर से 'हूँ' कहा और वहाँ रखी घंटी बजा दी। यह वैसी ही घंटी थी जैसी एक ज़माने में दफ़्तरों के साहब लोग चपरासियों को बुलाने के लिए बजाया करते थे और जो आजकल दुर्लभ-सी हो गयी थी। लेकिन यह घंटी कुछ ज़्यादा ही कर्कश थी। इसकी टिर्र भी साहबों की घंटी की तरह मरियल नहीं थी। इधर, जब से सरपंच को बार-बार गला फाड़ने में आलस आने लगा, उन्होंने यह घंटी मँगा ली थी। शायद पुराने जमाने के किसी चपरासी से सैकंड हैंड खरीदी थी, जिसे रिटायर होते वक़्त यक़ीनन किसी शरारती बाबू ने उपहार में दिया होगा। डोरीलाल इस घंटी का इस्तेमाल सिर्फ़ ज़नानख़ाने में सन्देश देने के लिए करते थे।

घंटी बजते ही खेतों में काम करने वाले रामऔतार की बीवी जोगणी घूँघट काढ़े हाज़िर हो गयी। डोरीलाल ने बेवज़ह आँखें निकाल कर उसकी तरफ़ देखा। खौफ़ पैदा कर लेने के बाद बोले, "रै छोरी, सारी औरताँ नै बता

दे, घर में कोई ना रवै।"

जोगणी ने 'जी' कहने के अन्दाज़ में सिर झुकाया और पलट कर जाने लगी। डर से उसके पैर उखड़ रहे थे। डोरीलाल ने टोका, "सुण, सारी औरताँ का मतलब तू भी...सब मिल कै खेता की तरफ़ टहल आओ।"

जोगणी फिर से जाने लगी तो डोरीलाल ने दुबारा टोका, "एक बात और ध्यान राखिए जोगणी, सबनैं बता दे, घंटे भर तै पहल्या कोई ना आवै।"

डोरीलाल ने अनिच्छा और आलस के बावजूद कड़क आवाज़ में सन्देश दिया। उन्हें बार-बार यह साबित करना होता कि वे सरपंच हैं। सरपंच का मतलब ही था हर वक़्त लठ की तरह बजते रहना। उनका सन्देश अन्दर मौजूद औरतों को साफ-साफ सुनाई दे गया। इसीलिए वे चुनरी ओढ़ कर और घूँघट खींच कर तैयार हो गयी थीं। जोगणी के अन्दर कदम रखते ही, जैसे मुर्ग़ीख़ाने का मुँह खुल गया। सारी औरतें 'तुर-तुर' बाहर की तरफ़ भागीं।

जाती हुई औरतें दिखाई नहीं दे रही थीं, पर डोरीलाल उनका जाना कानों से सुनते रहे। औरतों के जाते ही उन्होंने यों ही एक बार रबिया की तरफ़ देखा। रबिया ने दीवार की तरफ़ देखा, जहाँ बन्दूकें टँगी थीं। औरतों को घर से निकल जाने की हिदायत मिलने के बाद से उसकी धड़कनें और तेज़ हो गयी थीं। राम जाने क्या होने वाला है।

डोरीलाल ने आगे की कार्यवाही के लिए प्रश्नवाचक निगाहों से मुक्कान की तरफ़ देखा। वे जब भी मुक्कान की तरफ़ देखते, वह उनके मन की बात ताड़ लेता। इस बार उसने घुटनों के बल आगे की ओर झुकते हुए कहा, "चोधरी साब, बता दूयो, के वो बैल हो ग्या।"

डोरीलाल ने ज़ोर से गला खँखारा तो रबिया ने साँस रोक कर नज़रें उठायीं उन्होंने बिना भूमिका बाँधे कह दिया, "देख भाई, इब तू हो लिया बैल।"

रबिया ने इसका अर्थ समझने के लिए बाक़ी चारों बुजुर्गों की तरफ़ देखा। वे सब सहमति में गर्दन हिला कर फिर से बुत बन गये थे। रबिया बहुत निरीह लगने लगा। उसने बड़ी उम्मीद के साथ मुक्कान की तरफ़ देखा। मुक्कान घाघ आदमी था। वह अनजान बनता हुआ कान में उँगली डाल कर ज़ोर-ज़ोर से खुजाने लगा। हालाँकि यह अनुमान उसे पहले नहीं था कि कान खुजाने में काफी ऊर्जा नष्ट होगी। अन्दाज़ा होता तो वह सिर्फ़ ज़म्हाई लेता।

रबिया के पास सवाल करने के अलावा कोई रास्ता नहीं बचा था, "बैल मतलब?"

"बैल मतलब, बैल।"—डोरीलाल ने जवाब दिया और ख़ुद ही हँसने लगे।

हँस कर गावतकिये पर इस तरह लधर गये जैसे बहुत थक गये हों। रबिया थोड़ा खिसिया गया, "बैल तो मैं भी समझूँ सूँ चोधरी साब, पर पहल्या तै आप साँड़ कहो थे...?"

"अरै चुप कर", डोरीलाल ने बीच में ही डपटते हुए कहा, "इतणा ज़ोर लगाक्कै ना बोल्या कर, पैंट खराब हो ज़ागी।"

मुक्कान को हँसी आ गयी। रबिया के कान सुर्ख़ हो गये। वह हक़लाने लगा, "वो तै...औरतें बाहर गयीं, योए सोच कै बोल दिया।"

मुक्कान फिर से डोरीलाल की तरफ़ झुकने को हुआ तो उन्होंने भौंहें हिला कर उसे इशारा कर दिया कि अब वह ख़ुद बोल ले। उन्हें देख कर ऐसा लग रहा था, मानो बोल-बोल कर थक गये हों। मुक्कान ने सीधे रबिया को सम्बोधित करते हुए कहा, "देख भाई रबिया, कहण का मतलब यो सै, के तू इब बूड़्ढ़ा हो लिया। ज़ब आदमी बूड़्ढ़ा हो ज़ा, तो बैल हो ज़ाया करै।"

डोरीलाल मुक्कान की बात से प्रभावित लग रहे थे। उन्होंने एक बार सभी पंचों की तरफ़ देखा। सबकी नज़रों में प्रशंसा का भाव था। डोरीलाल ने बोलने के लिए गला साफ किया, "यो तै तू मान्नै सै, के तू बूढ्ढा हो लिया?"

रबिया ने गर्दन झुका ली। लेकिन यह सोच कर कि इसे स्वीकारोक्ति न मान लिया जाये, वह घिघियाते स्वर में बोला, "पर ज़ोर तो सै।"

उसने बाँह उठाकर मसल्स दिखाने की कोशिश की। सारे लोग एक साथ हँस पड़े। पर तुरन्त ही एक-दूसरे को देख कर अपनी ही हँसी पर खिसिया गये। चुप रहने की कसम खाये बूढ़ों में से एक ने मुँह खोला, "या कोण सा ज़ोर दिखा रया सै तू...? म्हारे सामणे तो तेरा पाछले साल का नतीज़्जा धर्‌या पड्या सै।"

डोरीलाल की मूँछें हिलने लगीं। वे जब होंठों ही होठों में मुस्कुराते थे तो सिर्फ़ मूँछें हिलती थीं। रबिया कुछ असहज-सा हो गया। उसकी समझ में नहीं आ रहा था कि वह हँसे या गम्भीर बना रहे। मन तो कर रहा था टका-सा जवाब दे दे। लेकिन वह जानता था कि सबका सिर झुक जायेगा। फिर बात और बिगड़ जायेगी। उसने बर्दाश्त कर लिया, "बीज़ तो बोया ताऊ, इब मन्नै के बेरा, के हो ग्या।"

इस बार डोरीलाल ने डपट कर कहा "रै चौप, फालतू बकवाद ना करै। बीज़ बोया... अर तेरा बीज़ चिड़ियाँ चुग गी? गधा समझ राख्या सै?"

मुक्कान ने फिर डोरीलाल के कान में फुसफुस की, "यो तो ज़िरहबाज़ूज़ी करता रहैगा चोधरी साब।... कह दूयो, के इसका रिटैरमिंट आ लिया।"

डोरीलाल ने हुक्का अपनी ओर खींचते हुए इस तरह माथा सिकोड़ा जैसे यह उनका अपना मौलिक सोच हो, "देख भाई, तनै म्हारे खात्तर भतेरा करया।...पर हमणे भी कोई कसर छोड्डी के?"

रबिया ने 'ना' में गर्दन हिलायी तो डोरीलाल ने सीधे तुरुप का पत्ता फेंका, "तो हिसाब बराब्बर। रई बात आग्गे की, इब तू ए बता, बैल म्हारे के काम आवैगा?"

चुप्पी साधे बुजुर्गों ने एक साथ सहमति में गर्दन हिलायी जैसे उनकी गर्दनें स्प्रिंग की हों।

रबिया को बस दिल का दौरा नहीं पड़ा, अन्यथा धड़कनें ख़तरे की हद तक तेज़ हो गयी थीं। हलक सूख रहा था। मुक्कान अलग कसमसा रहा था कि डोरीलाल भूमिका क्यों बाँध रहे हैं। सीधे-सीधे रिटायरमेंट की बात क्यों नहीं करते। आख़िर डोरीलाल ने मुद्दे की बात की, "इनसान के हाथ में के सै, भैंस की पूँछ? ज़वान्नी, बुढ़ाप्पा सब कुछ उप्पर वाले के हाथ में हो सै।... तू यो कर, रिटैर होज़्या।'

"लेकिन मालिक...।"

"रै, तेरा लेक्किन-वेक्किन ग्या तेल लेण, या तै चुपच्याप रिटैर होल्ले....या फिर हम ...करणा तो नी चाहत्ते, पर नी होया तै के करैंगे?"

बाकी के चार बुजुर्गों की स्प्रिंगदार गर्दनें फिर से सहमति में हिल गयीं। बन्द पंचायत ख़त्म हुई।

टहलने गयी औरतें अब तक लौटी नहीं थीं। शायद वे सतर्कतावश घंटे की जगह दो घंटे का समय लें।

फिर मुसीबत

जब घर पहुँचा तो शाम होने को थी। डूबता सूरज जितना बड़ा नज़र आता था वैसी तपिश उसमें बची नहीं थी। तैंतीस साल की उम्र में उसकी साँस फूल रही थी। शरीर निचुड़ रहा था। सिर्फ़ छह साल में, जब से वह उस गाँव के सम्पर्क में आया, उसका यह हाल हो गया। कहीं लोगों का कहना सही तो नहीं कि वह गाँव अभिशप्त है? उसे लगा, भरी दोपहरी में बादलों ने सूरज को ढँक लिया। अन्दर कोई पशु था जो सिर झुकाये रुनझुन-रुनझुन बसेरे की तरफ़ लौटने लगा। या कोई पंछी था शायद, जो वापस घोंसले में आ गया और एक टाँग पर आराम फ़रमाते हुए उसने पुतलियाँ समेट ली हैं।

फिर भी उसे डर नहीं लगता। डर लगता है समय से पहले अवकाश पर

भेज दिये जाने से। वे इस तरह रिटायर कैसे कर सकते हैं?

रबिया इसी उधेड़बुन में घर पहुँचा। दो गिलास पानी पीने के बाद निढाल होकर तख़्त पर पसर गया। उसकी बदहवासी देख कर माँ घबरा गयी थी। सीलिंग फैन चल रहा था लेकिन वह गत्ते का टुकड़ा लेकर पंखा झलने लगी। वह लगातार पूछे जा रही थी, "के बात सै? तबीयत नै के हो ग्या?"

उसने जवाब में इतना ही कहा, "दम लेण दै, कुच्छ ना होया।"

छिहत्तर साल की माँ कुछ देर आँखें मिचमिचा कर उसे देखती रही और फिर बड़बड़ाने लगी—"कैत्ती रै गी, ब्याह कर लै, पर म्हारी सुणै कौ सै।"

रबिया ने करवट बदल कर दीवार की तरफ़ मुँह फेर लिया। माँ की आँखें गीली हो आयी थीं।

वह रात भर करवटें बदलता रहा। स्वेच्छा से 'रिटायर होने' और 'कर देने' का मतलब वह बख़ूबी समझ रहा था। इन लोगों को वर्षों से जानता है। इनकी नस-नस से वाक़िफ है। ये लोग कूट भाषा में बोलते हैं। कभी-कभी द्विअर्थी भी। इसीलिए पंचायत ख़त्म होते ही वह बन्दूक से छूटी गोली की तरह भागा। मुक्कान ने पीछे से आवाज़ दी थी। जीप से छुड़वा देने को कह रहा था। लेकिन रबिया पीछे नहीं मुड़ा। उसने एक नज़र में लठैतों के हाथों का मुआइना कर लिया था। उनके हाथों में सिर्फ़ लठ थे। वह जानता था कि अगर तेज़ी से निकला तो उनके बन्दूक लाने तक वह गोली की पहुँच से बाहर हो जायेगा। वह जीप में भी नहीं जाना चाहता था। उनका कोई भरोसा नहीं था। रास्ते में घना जंगल था और दूर-दूर तक आबादी नहीं थी।

रबिया को यह भी लगा कि शायद वे उसे डराना चाहते हैं। क्योंकि जब मुक्कान ने उसे आवाज़ दी और उसने मुड़ कर नहीं देखा तो उनके ठहाकों ने पीछा किया था। कहीं वे दबाव तो नहीं बना रहे, ताकि मैं डर कर खुद ही 'रिटायर' हो जाऊँ?

रबिया को नींद नहीं आ रही थी। जिस वक़्त भोर की पहली चिड़िया चंहकी, ठीक उसी वक़्त उसके दिमाग़ में एक योजना ने जन्म लिया। रबिया ने उस अज्ञात चिड़िया को सुनने की कोशिश की थी। लगा, चिड़िया लगातार एक ही रट लगाये हुए है— 'चल, चल-चल, चल।' रबिया ने इसे संकेत माना और अपने आप से कहा—चल देना ही ठीक है। माँ के अलावा उसका है कौन? माँ वैसे भी पेड़ हो गयी है। एक दिन मिट्टी हो जायेगी। माँ की मिट्टी न मिले तो उसके करम। हालाँकि भागने में ख़तरा था पकड़े जाने का। पर नहीं भागने में तो ख़तरे ही ख़तरे थे। उसने फैसला कर लिया। आर या पार।

अगले दिन सूरज पहले जागा और रबिया ने बिस्तर बाद में छोड़ा। दातून किया, फ़ारिग हुआ, नहाया, थोड़ा-सा खाया, छाछ पी और सामान समेट लिया। दो हजार रुपये छोड़ कर बाकी अंटी में लपेट लिए थे। माँ उसी तख़्त पर लेटी थी जिस पर कल सारी शाम वह पड़ा रहा। उसने माँ के क़रीब पहुँच कर दो हजार रुपये थमा दिये। माँ हैरान थी। रबिया एकमुश्त दो सौ से ज़्यादा कभी नहीं देता। आज उसे क्या हुआ। होश में तो है?

रुपये थमा कर वह गुमसुम खड़ा था। माँ उसे छूकर देखना चाहती थी। उसने ज्योंही हाथ बढ़ाया, रबिया मोढ़ा सरका कर उसके पैरों के पास बैठ गया। माँ का हाथ कुछ देर हवा में रहा और फिर वापस आ गया। वह थोड़ी देर एकटक देखता रहा। फिर हँसने का उपक्रम करता हुआ बोला, ''कदै-कदै भाग जाण का ज़ी करै सै।''

माँ घबरा कर उठ बैठी और आँखें मिचमिचा कर देखने लगी। उसे अब बहुत कम दीखता था। रबिया ने माँ का सवाल समझते हुए कहा, ''ज़ी तै करै सै, पर फेर तेरी सोच्चूं सूं।''

यह कहते-कहते उसका गला भर आया। वह उठ कर घर के अन्दर चला गया और सामान समेटने लगा। माँ पेड़ तो हो गयी थी लेकिन जड़ नहीं। वह समझ रही थी कि रबिया कुछ परेशान है। तभी घर के बाहर जीप के आने की घर्र-घर्र सुनायी दी। फिर वह स्वर बन्द हो गया। जीप रुक गयी थी। रबिया अपना बैग उठा कर भागने की सोच ही रहा था कि अचानक आयी मुसीबत से उसके होश उड़ गये। उसे लगा यमदूत आ गये। माँ ने कुर्ती से अपने आँसू पोंछ लिए। रबिया ने अन्दर से ही झाँक कर देखा। यम की ही जीप थी। पर सिर्फ़ ड्राइवर था। रबिया जब तक कोई फैसला करता ड्राइवर ने दरवाज़े पर दस्तक दी– ''रब्बी भाई हैं के?''

''हाँ, बैठ्या है भाई, आजूया।'' माँ ने जवाब दिया था और फिर रबिया को आवाज़ देने लगी। रबिया हड़बड़ाहट में ड्राइवर के सामने आ गया। अब चौधरी के बुलावे पर नहीं जाने का कोई बहाना नहीं रह गया था।

दोपहर में वह फिर से डोरीलाल के घर पर था। अकेले ड्राइवर को देख कर उसका डर थोड़ा कम हुआ। लेकिन शातिर लोगों का कोई भरोसा नहीं था। ऊबड़-खाबड़ रास्ते में जहाँ कहीं जीप की रफ़्तार कम होती और वह पेड़ों के झुरमुटों के बीच से निकल रहा होता, उसकी साँस अटक जाती। लगता, वे अब निकल कर आये, तब आये। बीच-बीच में उसकी नज़र ड्राइवर की कमर में खुँसी खुखरी की तरफ़ भी उठ जाती। जब तक

वह डोरीलाल के घर नहीं पहुँच गया, धुकधुकी लगी रही। खुले आँगन में पहुँचा तो कुत्ता सोया था और अलसाये हुए लठैत छाँव में बैठ कर बन्दूकें साफ कर रहे थे। देख कर कलेजा धक्क से रह गया। उसे लगा स्वागत की तैयारी शायद घर पर हो रही है। एक विचार यह भी आया कि लौट जाये। लेकिन लठैतों से तेज़ वह भाग सकेगा, इसमें शंका थी। इस गाँव में आवाजाही के बाद से फुटबाल की हवा की तरह उसकी ताकत धीरे-धीरे छीज रही थी। कुछ तो गड़बड़ है इस गाँव के साथ।

घर पर डोरीलाल और मुक्कान के अलावा चार पंच भी थे। घर की औरतें जीप की आवाज़ के साथ ही मुर्ग़ियों की तरह 'तुर-तुर' करतीं रबिया की आँखों के सामने निकल गयी थीं। शायद उन्हें पहले से सचेत कर दिया गया हो। औरतों को तेज़ी से भागते देख उसकी जान आधी हो गयी।

पहली मुठभेड़ मुक्कान से हुई। उसने छूटते ही पूछा, "आज़्या भाई, डरया-डरया क्यों सै?"

रबिया मुस्कुराने की कोशिश करने लगा, जैसे चोरी पकड़ी गयी हो। डोरीलाल ने उसे घूर कर देखा। यह उनका अन्दाज़ था। बोले, "फैसला कर लिया के?"

इस सवाल से उसे लगा, कहीं पैंट गीली न हो जाये। वह दबाव पर नियन्त्रण करने के लिए फिर से खोखली हँसी हँसने लगा, "के बात कर दी ताऊ, फैसला तो थारे हाथ में सै।"

"हाँ, तै हमनै कर दिया फैसला।" डोरीलाल ने हवा में हाथ लहराया। पलक झपकते ही रबिया दोनों हाथ जोड़े जमीन पर लेट गया। डोरीलाल उसे उठाने के लिए आगे की तरफ़ झुकना ही चाहते थे कि मुक्कान ने उनके कान में फुसकी मारी, "के कर रहो चोधरी साब, कुछ देर पड़्या रैण दो।"

चौधरी डोरीलाल को सरपंची ठसक याद आ गयी। उन्होंने गर्दन अकड़ा ली और मूँछों को ताव देने लगे। रबिया ने बीच में दो-तीन बार सिर उठा कर देखा कि कोई उसे उठने को कहे। लेकिन जितनी बार वह सिर उठाता, चौधरी साहब मूँछों को ताव देते हुए अपनी तीन उँगलियों में पहनी अँगूठियों को उलट-पलट कर देखने लगते।

"उठ ज़्या भाई, इबै वा टैम ना आया।"—आख़िर मुक्कान ने उसे संकेत किया। डोरीलाल ने मूँछों से हाथ हटा लिया, "लेट्टण की इच्छा हो, तै थोड़ी देर और लेट्या रै। यों भी इब तेरा लेट्टण का ए टैम सै।"

रबिया हड़बड़ा कर उठ बैठा। चौधरी को इस खेल में मज़ा आ रहा

था। लेकिन उन्हें दूसरे काम भी निपटाने थे। थकान भी महसूस हो रही थी। बाक़ी पंच भी थक कर गावतकियों पर लटक गये थे। इसलिए डोरीलाल बात को समेटते हुए बोले, "तू सै तै अण्णा ए आदमी, बफादार भी सै...तै सोच्चूं सूं...।"

रबिया हैरान। चौधरी अचानक पलटी कैसे खाने लगा। वह अन्दर से उमड़ रही खुशी को छुपाता हुआ बोला, "चौधरी साब, मैं सारे बंजर खेत्तां की रोपाई कर द्यूँगा।"

"शिलाजीत खाक्के करेगा के? रोपाई मुँह से ना होत्ती। आदमी एक बार बूढ्ढा हो लिया तै हो लिया।" इतना कह कर मुक्कान ने चौधरी साहब से धीरे से कहा, "इब बोल द्यो, चोधरी साब।"

चौधरी साहब ने अपने कुर्ते का बटन बन्द करते हुए कहा, "छोरा चहिए एक, हट्टा-कट्टा। तूँ ए ल्यावेगा। तो ए छुटकारा सै।... है कोई ध्यान में?"

रबिया की समझ में बात आ गयी। तो यह है चौधरी की योजना। बेटे का ब्याह हो गया तो, अपने घर की चिन्ता हो रही है। पर जान छूटती देख उसने कह दिया, "मिल ज़ागा चोधरी साब...मिल ज़ागा।...एकाध है।"

उसे भरोसा था कि थोड़ी मोहलत मिल जाये तो वह व्यवस्था कर देगा।

"देख ले, जबाण का पक्का हो। और मुँह पै ताल्ला लगा कै राक्खै–हैरिसण का। न चूँ, न चपड़।"

बाकी पंचों ने अपनी स्प्रिंगदार गरदनों को हिला दिया और ऊँघने लगे। मुक्कान ने ताऊ की बात का समर्थन करते हुए रबिया से रहस्यमय अन्दाज़ में कहा, "सम्भल कै काम होणा चहिए," और फिर सभी पंचों को सम्बोधित कर बोला, "ताऊ, थम तै ज़्यादा जाणो सो, बदणामी के भोंप्पू ज़ो हैं, गली-गली घूमते रहवें।"

ताऊ लोग समझ नहीं पाये 'बदनामी के भोंपू' कौन हैं। यह उनके चेहरों से पता चल रहा था। मुक्कान ने स्पष्ट किया, "टीबी वाले !"

डोरीलाल सिहर गये। रबिया को धमकाने के अन्दाज़ में बोले, "यो जो गाम की इज्ज़त साल्लां तै बचा कै राक्खी सै, चली गयी तै समझ लै...।"

"हो ज़ागा, चोधरी साब। थम नै कह दिया तो समझो हो ज़ागा।"

"रै, ज़्यादा मत उड़। पहल्यां काम कर कै दिखा, फेर करिए तेरी या फुर-फुर।"–कह कर मुक्कान ने बात ख़त्म की तो उसकी साँस चढ़ रही थी। खुद डोरीलाल कुत्ते की तरह हाँफ रहे थे। वे मुक्कान के कन्धे का सहारा

लेकर उठ खड़े हुए। बाकी पंच भी हड़बड़ा कर उठ गये। यह रबिया के लिए जाने का संकेत था।

मूँछे खड़ी और झुकी नज़रें

उनकी पिंडलियों में लगातार दर्द रहता था। माँसपेशियां शिथिल पड़ गयी थीं। हर वक़्त थकान महसूस होती। जहाँ बैठ गये उठने को मन नहीं करता था। रीढ़ ने झुकने और टाँगों ने लँगड़ाने की आदत बना ली थी। कभी-कभी तो मुँह से मक्खी हटाने के लिए हाथ उठाने में भी आलस आता– यह सोच कर कि खून तो पी नहीं रही, उड़ जायेगी ख़ुद ही। ख़ेतों पर काम करना मजबूरी थी। लोग जाते तो थे पर किसी पेड़ की छाँव में या खेत की मेंड़ पर बैठ कर सुस्ताने लगते। बीड़ी पीने में और ज़्यादा थकान होती, खैनी खाने से चक्कर आते। औरतों की सुन्दरता देख कर तूफ़ान उठता और फिस्स कर जाता। नज़रें झुकी-झुकी रहतीं। चिल्लाने और दम लगा कर बोलने को जी नहीं करता था।

कुछ लोग तो कई वर्षों से इस तरह की शिकायत कर रहे थे। लेकिन पिछले एक-दो वर्षों में एक-एक कर गाँव के सारे मर्द पस्त हो गये। सरपंच और कुछ पंच ही थे जो अपने पद की गरिमा के अनुकूल व्यवहार करने के लिए बार-बार मूँछें ऐंठते, तन कर बैठते और कड़क आवाज़ में बोलते। अन्यथा अन्दर से वे भी खोखला महसूस करते थे। पर इस खोखलेपन का कोई सन्देश बाहर न जा पाये इसका पूरा ध्यान रखा जा रहा था। गाँव के सम्मान का प्रश्न था।

सदमे में डाल देने वाले सत्य का रहस्योद्‌घाटन कोई छह साल पहले हुआ। ठीक से किसी को याद नहीं, पर किसी महामारी या छूत की बीमारी जैसी शुरुआत हुई थी। ऐसा अनुमान था कि यह बीमारी एक के बाद दूसरे को पकड़ती गयी होगी। शुरू में लोग यही समझते थे कि गाँव के साथ कुछ गड़बड़ है। कोई खुल कर अपना हाल बताता नहीं था। कमज़ोरी ने अष्टपाद की तरह मर्दों को जकड़ लिया था। फिर भी वे स्वीकार नहीं करते थे। उनका स्पष्ट मत था कि गाँव की औरतें बाँझ हो गयी हैं। कुछ मर्दों ने तो बाक़ायदा दूसरी शादी रचा ली और कुछ धौंस देते रहते थे। पर कोई फ़र्क नहीं पड़ रहा था। गाँव में औरतों की इज़्ज़त दो कौड़ी की रह गयी थी। मर्द उन्हें दुत्कारते। दिन-रात ताने मारते। खेतों में काम कराते। हालाँकि मर्दों की आवाज़ में धमक नहीं रह गयी थी। वे स्वर को मद्धम से ऊपर खींच नहीं पाते थे।

फिर एक दिन सब कुछ उलट गया। मर्द मूँछें मरोड़ने को हाथ उठायें तो हाथ लूला हो जाये। वे झेंप मिटाने के लिए ज़्यादा तन कर चलने की कोशिश

करें, लेकिन रीढ़ झुक जाये और पसलियाँ कड़-कड़ करने लगें। सिर उठायें तो लगे वह वजनी तरबूज हो गया। गर्दन कठपुतले की तरह ऐंठी रह जाये।

इसके बावजूद औरतों के मुँह प्रेशर कुकर के ढक्कन की तरह बन्द थे। उनसे खुशी के मौक़ों पर सीटी जैसे गीत फूटते, ग़म में लयबद्ध दहाड़ें निकलतीं। खाते-पीते वक़्त मुँह ढाई इंच तक खुल जाते। बाक़ी मौक़े पर, कोई वाल्व था जो गले में डाट की तरह लग जाता। मुँह खुलता ज़रूर था, पर जम्हाई लेकर बन्द हो जाता। अगर दम लगा कर अन्दर की गैस निकालना चाहें तो मुँह से मुर्ग़ियों की तरह 'कुक-कुक' निकलती। यह बोली आज तक कोई मर्द समझ नहीं पाया था। पता नहीं यह डर की भाषा थी, या वे मर्दों को कोसती थीं।

लेकिन एक दिन जब फुल्लो ने आसमान की तरफ़ देख कर गले का डाट खोला तो उथल-पुथल मच गयी।

हुआ यों कि माखन की घरवाली फुल्लो मायके गयी थी। उसे पूरा यक़ीन था कि मर्द और ईश्वर हमेशा सच बोलते होंगे। इसलिए उसने मान लिया था कि बाक़ी औरतों की तरह वह भी बाँझ है। मायके में उसका पुराना प्रेमी उससे निकटता बढ़ाने की जी-तोड़ कोशिश में लगा था। वह प्रेमी को अतीत की तरह झटक देना चाहती थी। प्रेमी हार मानने को तैयार नहीं था। वह जितना दूर भागती, प्रेमी उतना क़रीब आने की कोशिश करता। ज़िद्दी प्रेमी ने एक दिन सरसों के खेत में फुल्लो की बाँह पकड़ ली। फुल्लो छुड़ाती, इससे पहले उसने एक साँस में कह दिया– कि उसके ब्याह के बाद वह ठीक से सोया नहीं। बादल घिरते हैं तो मन रोने को होता है। चाँद देख कर गला रुँध जाता है। शाम काटने को आती है। सूरज का निकलना अपशकुन जान पड़ता है। भूख ख़त्म हो गयी, प्यास मर गयी। हर वक़्त पुराने फ़िल्मी गाने सुनने और गुनगुनाने को दिल करता है।

फुल्लो मोमबत्ती की तरह पिघलने लगी। प्रेमी ने टपकती मोम हथेली पर लेते हुए कहा– *लग जा गले के फिर ये हँसी रात हो न हो...।*

फुल्लो पूरी पिघल कर खेत में फैल गयी।

इसका परिणाम कुछ महीनों में सामने आया, जब एक दिन हवा का तेज़ झोंका आया। बिना कुंडे के दरवाज़े की तरह धड़ाक् से पोल खुल गयी। आनन-फानन फुल्लो को पंचायत में बुला लिया गया। पंच कान में रुई डाल कर आरोपी की सफाई सुनने लगे। वह बोलती रही और वे सन्तुष्ट नहीं हुए। उसे कसूरवार ठहरा दिया गया। वह शेरनी की तरह दहाड़ी। दहाड़ती चली गयी। वे फिर भी सन्तुष्ट नहीं हुए। उसका कहना था, वह साबित करना

चाहती थी कि औरतें बाँझ नहीं हैं। पंचों की गर्दन के बाल खड़े हो गये। उसने मर्दों को नपुंसक करार दिया। सुन कर पंच हत्थे से उखड़ गये। मूँछें फड़फड़ाने लगीं। उन्होंने फुल्लो को सज़ा का फ़रमान सुना दिया। सज़ा यह कि बारी-बारी से उसके मुँह पर थूका जाये।

पहला हक़ माखन का था। सबसे पहले उसने थूका। फिर बारी आयी गाँव वालों की। लोग गुस्से में ढेर सारा थूक मुँह के अन्दर जमा करते और फुल्लो के मुँह पर थूक की पिचकारी मार देते। उनके चेहरों पर गहरा सन्तोष दिखाई देता। विडम्बना देखिये कि मर्द तो मर्द, औरतें भी पीछे नहीं रहीं। वे पहले मर्दों की ओर देखतीं और फिर पच्च से थूक देतीं। सबसे अन्त में बारी आयी नौकर-चाकरों, बटाईदारों और खेतों में काम करने वाले मज़दूरों की। उन्होंने थोड़ा डर-डर कर थूका। कइयों के थूक के साथ खैनी भी निकल आयी और फुल्लो के मुँह पर चिपक गयी। लेकिन उस औरत का जीवट देखिये, जितनी बार कोई मर्द थूकता, वह दहाड़ती—'हट! साल्ले नामरद।'

अन्त में, खुद फुल्लो ने गला खँगार कर सरपंच की तरफ़ थूक उछाला—'इसी थूक तै अपणी औलाद के बालक भी जणियो हरामज़ाद्दे।'

पर उसका गुबार निकला नहीं। उसने आकाश की ओर देखा और पूरी ताक़त लगाकर ऐसा करुण क्रन्दन किया कि पेड़ों पर बैठे पंछी फड़फड़ा कर उड़ने लगे। उसने ज़बरदस्त ठहाका लगाया। ढोर-डंगरों के रोंगटे खड़े हो गये। वह चीखी। गाँव के मर्दों ने कानों में उँगलियाँ डाल लीं। औरतें जल्दी-जल्दी घरों में घुस कर रुदन से ध्यान हटाने के लिए गीत गाने लगीं।

इस घटना के घंटे भर बाद ख़बर आयी कि फुल्लो ने बरगद के पेड़ पर रस्सी डाल कर फाँसी लगा ली। गाँव की स्त्रियाँ सन्न रह गयी थीं। उनका मन शोकगीत गाने को हो रहा था। लेकिन मुँह जम्हाई लेकर रह गया। पुरुषों के मन में एक अजीब-सा खुटका पैदा हो गया। बहुतों की इच्छा हुई कि गन्ने के खेतों में जाकर छुप जायें और वहीं अपनी कमज़ोरी पर शोध-कार्य करें।

लोग सममुच चिन्तित थे। चिन्ता इतनी गहरी थी कि गाँव में मरघट-सा सन्नाटा छा गया।

डोरीलाल उन दिनों अपने बाप के बाद नये-नये सरपंच बने थे। सिर मुड़ाते ही ओले पड़ गये। सभी पंच और गाँव के बुज़ुर्ग उनके घर पर जुटे थे। सब गुमसुम थे, जैसे साँप सूँघ गया हो। छह साल पहले घटी इस घटना के वक़्त मुक्कान काफ़ी युवा था। चौड़ा होकर चलता था। अखाड़े में पहलवानी करता और अक्सर सलमान बन कर बिना कमीज के घूमा करता था।

मुक्कान अपने बुजुर्ग चाचा के साथ पहुँचा था। उन्हें किसी ने देख लेने की धमकी दे रखी थी। इसलिए मुक्कान साये की तरह उनके साथ रहता। उस दिन पंचों की बहस के बीच उसने अपनी अक़्लमन्दी का सिक्का जमा लिया। उसका कहना था, एक औरत के गर्भवती होने से यह साबित नहीं होता कि बाक़ी औरतें बाँझ नहीं हैं। उससे यह भी साबित नहीं हो जाता कि गाँव के सारे मर्द नपुंसक हैं।

बात सबको जँच गयी। इससे उन्हें बल मिला। गाँव के पुरुषों ने नपुंसकता का आरोप स्वीकार करने से इनकार कर दिया। वे पुख़्ता तौर पर इसकी पुष्टि करना चाहते थे। सो, तय हुआ कि बटाईदार कौड़ीमल की पत्नी पर प्रयोग किया जाये। लेकिन कौड़ीमल कच्ची लकड़ी की चौखट जैसा ऐंठ गया। वह चुपचाप अपनी पत्नी को चुहिया की तरह प्रयोगशाला में भेजने को तैयार नहीं था। लेकिन मुक्कान ने इसका रास्ता भी निकाल लिया। उसने कौड़ीमल को लठ और दो सौ रुपये एक साथ दिखाये थे। तब जाकर कौड़ीमल बिना हुज्जत राजी हुआ। उसने पत्नी से उसकी राय नहीं पूछी। बस, जेब में हाथ डाला। नोटों को छुआ और पत्नी को कड़ी हिदायत दी कि गाँव की किसी औरत को इसकी भनक न लगे। यह चौधरी साहब का आदेश है।

दिक़्क़त यह थी कि इस प्रयोग के लिए एक अदद चूहा भी चाहिए था। चूहा कहाँ से लाया जाये? तब किसी ने अपने फुफेरे भाई के बेटे रबिया का नाम सुझाया। उसने बताया कि रबिया रोज दंड पेलता है। छक कर खाता है और जी भरके सोता है। बाकी वक़्त छुट्टा घूमता है। मदमस्त। पर मज़ाल है किसी ज़नानी को आँख उठा कर देखा हो। ज़बान का पक्का है। आदत का खरा। हर बारात में नाचता है और हर अर्थी को कन्धा देता है।

डोरीलाल और बाक़ी पंचों को यह वर्णन जँच गया। इस तरह लगभग छह साल पहले रबिया का पहली बार गाँव में आगमन हुआ।

लेकिन पाँच साल से माँ नहीं बन पायी कौड़ीमल की घरवाली ने गाँव के लिए बुरी ख़बर दी। भारी संकट आ पड़ा। इस ख़बर ने गाँव की मर्दानगी की हवा निकाल दी थी। ऐसी फुस्स हुई कि कई फन्ने खाँ 'फूँ-फाँ' छोड़ कर खटिया पकड़ गये। सरपंच को लगा, किसी ने उनका इज़ारबन्द खींच लिया। उनकी खड़ी मूँछें नीचे की तरफ़ झुकने लगीं जैसे डाँट से उनके कुत्ते की पूँछ टाँगों में घुसने लगती है। वह तो मुक्कान था, जिसने ऐन वक़्त पर चाचा को छोड़ डगमगाते डोरीलाल को सँभाल लिया था।

पंचों ने बन्द कमरे में सलाह-मशविरा किया। मुक्कान भी मौजूद था।

उसने डोरीलाल से कहा—"बदक़िस्मती या सै ताऊ, के भतेरे कुत्ता-बिल्ली चैनल आ लिए।"

सबने चौंक कर देखा कि गाँव की बात हो रही है और यह कौन-सी बैताल-कथा ले बैठा। तब रबिया ने समझाया कि चैनलों को ऐसी ख़बरों की भनक लगते ही इज्ज़त का कचूमर कैसे बनता है। रबिया की बात से सब एक साथ डर गये, जैसे सुतली बम फूटा हो। सबने मान लिया कि टीवी चैनल गाँव के लिए बहुत बड़ा ख़तरा हो सकते हैं। सर्वसम्मत राय यह बनी कि सिर उठा कर जीना होगा। सम्मान से जीने के लिए इस बात को दबाना होगा। बल्कि ऐसे दफ़नाना होगा कि नपुंसकता के अवशेष हजारों साल बाद खुदाई में भी न मिलें।

सारे पंचों ने झुके हुए सिर पगड़ी सहित ऊपर उठाये। मूँछों को 'कमज़ोरी' का इलाज़ करने वाले हक़ीमों की तरह ऐंठा। बिना बात खोखले ठहाके लगाये और लचकते-हाँफते विदा हो गये।

हुकम के सत्ते की तलाश

छह साल पहले रबिया की उम्र सत्ताईस साल रही होगी, क्योंकि अब वह तैंतीस का हो रहा था। ताँबई चेहरे पर कोलतार जैसी काली मूँछें थीं। फौलादी सीना और मुगदर जैसे हाथ। उसे गाँव में 'काम' मिल गया था। श्रद्धानुसार दाम भी मिल जाते। शुरू में फ़रमान के साथ बैलगाड़ी आती और उसे ले जाती। बाद में जीप या वैन आने लगी। खुली बैलगाड़ी में आना गाँव के लिए और ख़ुद रबिया के लिए भी सुरक्षित नहीं माना गया था। गाँव की सरहद पर वह तब पहुँचता जब रात गहरी हो जाती। या कम से कम शाम ढल चुकी होती। पहुँचते ही उसकी आँखों पर पट्टी बाँध दी जाती, ताकि किसी का चेहरा न देख सके। मेज़बान उसे साथ लेकर जाता। महिला की आँखों में भी पट्टी बाँध दी जाती। दोनों को कड़ी हिदायत थी कि पट्टी किसी सूरत में न खोली जाये। गाँव की इज़्ज़त ढाँपने का यह काम पूरी सतर्कता से होने लगा। इस नियम का उल्लंघन आज़ तक किसी ने नहीं किया था।

पट्टी बँधी होने के कारण रबिया को कभी पता नहीं चला कि वह किस घर में गया। उसने कभी अनुमान लगाने को कोशिश भी नहीं की। दिन के उजाले में उसे गाँव आने की मनाही थी। पट्टी के कारण ही स्त्रियों ने भी कभी रबिया को नहीं देखा। गाँव की ज़रूरत के हिसाब से धीरे-धीरे यह एक प्रथा बनती चली गयी। परम्पराओं और प्रथाओं को लेकर गाँव में कभी

किसी ने कोई सवाल नहीं उठाया था। गाँव का सम्मान किसी के भी निजी सम्मान से ऊपर था।

पर जाने क्या था कि गाँव के युवाओं का दिल हमेशा बैठा-बैठा रहता। बुज़ुर्गों को लगता, जैसे किसी ने बन्द कमरे में जूता मारने के बाद बाहर निकल कर उनके गले में फूलों का हार डाल दिया हो। कोई नहीं जानता था कि स्त्रियों को कैसा लगता है। उनकी प्रतिक्रिया कभी किसी ने नहीं ली। उन्हें बताया गया था कि यह गाँव अभिशप्त है। यहाँ अगर सन्तान चाहिए तो आँखों में पट्टी बाँधना ज़रूरी है। ऐसा मान लिया गया कि इस खेल में खिलाड़ी बदल जाने की भनक औरतों को नहीं लगती। हालाँकि कोई पूरे यक़ीन के साथ औरतों के अनभिज्ञ होने का दावा नहीं कर सकता था। क्योंकि उनमें से कई औरतों ने अतीत में दावा किया था कि वे अपने पति की गन्ध पहचानती हैं। पदचाप से ही जान जाती हैं कि पति है। लेकिन आश्चर्य की बात थी कि किसी ने दबी ज़ुबान में भी कोई सवाल नहीं किया। क्या गाँव की इज़्ज़त बचाने के लिए उनमें भी मूक सहमति बन गयी थी? या डरी हुई औरतें ऐसी ही होती हैं? पता नहीं। औरतों का भेद औरतें ही जानती थीं।

रबिया ने पिछले छह सालों में गाँव की किसी स्त्री से कोई संवाद नहीं किया। इसकी उसे इज़ाज़त नहीं थी। उसने तमाम नियमों का पूरी ईमानदारी से पालन किया। लेकिन विडम्बना देखिए कि आज़ वही रबिया, जो ख़ुद हुकम का सत्ता था, दूसरे सत्ते की तलाश कर रहा था। इसी सिलसिले में वह भटक रहा था और जहाँ-तहाँ अपनी हेठी करवा रहा था।

हाल में उसने पास के गाँव में एक बेरोज़गार लड़के से सम्पर्क किया। थोड़ी निकटता बनाने के बाद पूछा, "एक बात बता भाई, सेवा-सुव्वा करैगा?"

लड़के ने छूटते ही कहा, "मन्नै चश्मे-लाट्ठी वाला बूढ़ा समझै सै के?"

रबिया पहला ही दाँव खाली जाता देख दायें-बायें करने लगा, "बात यो सै भाई, गाम में खेत जोतणा सैं।"

"लूल्यां का गाम सै के?" उसने दो-टूक सवाल किया तो रबिया हक़लाता हुआ कभी 'हाँ' और कभी 'ना' करने लगा। युवक ने बाँहें चढ़ा कर घुड़की दी, "रै, कैसी बावली बात कर रया सै, पी राक्खी है के?"

रबिया रफ़ूचक्कर हो गया। पर उस रोज तो रबिया का मन रोने को हो गया था जब एक युवक ने उसे दलाल समझ लिया। हुआ यों कि उसने युवक को भरोसे में लेकर पूछा था, "भाई चालेगा म्हारे गाम?"

"नौचंदी का मेला लाग रया सै के तेरे गाम में?" लड़के ने लठमार

ज़ुबान में सवाल किया था।

"हाँ, मेला ए सै," उसने कहा, "लुगाइयाँ का मेला और तू अकेल्ला... बंशी बजावैगा।...चालेगा?"

उस युवक ने सीटी मारी। कुछ ही देर में उसके दो मुश्टंडे दोस्त आ गये और वे मिल कर रबिया की खिंचाई करने लगे—"रै किथ तै आ ग्या घनचक्कर? छोरियाँ की दलाली करै सै?"

उसे लगा, यह काम इतना आसान नहीं जितना उसने सोचा था। ऊपर से गाँव के लड़के इतने मुँहफट और बदतमीज़। इनसे मुँह लगना घोड़े की पूँछ खींचने जैसा है। किस मुसीबत में फँस गया।

वह हार मान लेता अगर उस शहरी युवक से मुलाक़ात न हुई होती। उस दिन रबिया थका-माँदा शहर के एक पार्क में लगी बेंच पर बैठा था। शाम का वक़्त था। लोग टहल रहे थे। तभी एक लड़का दौड़ता हुआ आया और हाँफता-हाँफता उसके बगल में आकर बैठ गया। रबिया ने उसे ग़ौर से देखा। लम्बा-चौड़ा, ग़ौरा-चिट्टा लड़का। पसीने से तरबतर। रबिया ने यों ही पूछ लिया, "के बात सै भाई, कुछ गड़बड़ कर आया के?"

"क्यों?"

"ना, यूँ ही।...गाड्डी की तरयां आवै सै, ...पाच्छै लाग रया है कोई?"

वह लड़का बहुत जोर से हँसा, "नहीं, मैं अपने ही पीछे भाग रहा था।"

रबिया ने चँहक कर कहा, "रै गज़ब, यो खूब कही। खुद का पीच्छा करो और खुद ही भागण लागो।"

लड़के ने, जिसका नाम प्रेम था, रबिया को समझाया कि वह जॉगिंग कर रहा था। रबिया ने उत्साह में अपनी बेवकूफ़ी के कई क़िस्से सुना डाले। थोड़ी ही देर में उस शहरी युवक को रबिया निश्चल और मज़ेदार आदमी लगने लगा। अवसर मिलते ही रबिया ने अपना प्रस्ताव उसके सामने रख दिया था। प्रेम ने रबिया को कॉफी पीने का न्यौता दे दिया।

लट्टू की चाल टेढ़ी

आज़ पूरे गाँव में हड़कम्प मचा था। लठैतों के हाथों में बन्दूकें थीं। बन्दूकों में कारतूस भरे हुए थे और उन्हें खाली नहीं किया गया था। ड्राइवर अपनी खुखरी कमर में खोंस कर तैयार खड़ा था। कभी भी जीप निकाल कर चलना पड़ सकता था। हालाँकि थकान से पीड़ित वे तीनों ही कुछ पल के लिए तशरीफ़ रखना चाहते थे। लेकिन डोरीलाल को बौराया देख बैठने में डर रहे

थे। डोरीलाल घर के अन्दर चूज़ों की तरह छिपी औरतों में से दो-एक पर हाथ आज़मा चुके थे। पत्नी को बालों से घसीट कर धक्का मार चुके थे। जोगणी के मुँह पर नाश्ते की थाली उलट दी थी। वे उस ख़ूँखार बाघ की तरह व्यवहार कर रहे थे जो बूढ़ा और बेबस हो गया हो।

वे चिल्ला रहे थे। चिल्लाते-चिल्लाते खाँसने लगते। खाँसी आने पर पानी पीते और हाथ मलते हुए फिर से चक्कर लगाने लगते। वे ज़ल्द ही थक जाते। थक कर मोढ़े पर बैठ जाते। थोड़ा आराम मिलता तो फिर चीखते। यह सिलसिला चल ही रहा था कि कुछ लड़के दो लोगों को हाथ-पैर पकड़ कर झुलाते हुए ले आये। उनके पीछे-पीछे गाँव के बच्चों की भीड़ चली आ रही थी। लड़के उन्हें चौधरी के सामने पटक कर बोले, ‘‘टीबी वाले हैं ताऊ, गाम में घुसण लाग रहे थे। लठ पेल के गोड्डयाँ की मालिश कर दी।’’

सरपंच ने अपने दाएं पैर का जूता निकाल कर पिटने वालों में से एक की तरफ़ फेंका और चिल्लाये, ‘‘रै, हराम्मी, म्हारी बदणामी करोग्गे?’’

डोरीलाल के जूता फेंकने के साथ ही उनके लठैत दोनों घायलों की टाँगों के बीच बन्दूक के बट कोंचने लगे।

हुआ यों था कि मीना के कारनामे से चौधरी सुबह से परेशान थे। सतर्कतावश उन्होंने लठैतों को आदेश दिया था, ‘‘कुछ छोरों नैं पहरे पै बिठा द्यो। समझा द्यो, जो भी टीबी वाला गाम की तरफ़ आवै, साल्याँ कै गोड्डे तोड़ दो।’’

डोरीलाल के लठैत बन्दूक के बट से कोई कारनामा कर गुज़रते कि उसी वक़्त मुक्कान आ पहुँचा। मुक्कान पिछले कई दिनों से नदारद था। अब भी वह शायद ही आता, अगर सतबीर का फोन न आया होता। उसने पूछताछ की तो पता चला कि वे लोग किसी के घर नया टीवी सेट डिलीवर करने आये थे।

डोरीलाल के लिए सारी मुसीबत खड़ी की थी उनकी बहू मीना ने। इससे उनका सन्तुलन गड़बड़ा गया था। इसी ग़फ़लत में सुबह से सारे काम बिगड़ रहे थे। मीना को देख कर उनका माथा उसी दिन ठनक गया था, जब उन्हें एहसास हुआ कि वह मुर्ग़ियों की तरह ‘कुक-कुक’ नहीं करती और ‘तुर-तुर’ भागती नहीं। यह बड़ा संकट था। उन्हें अपने बेटे की गृहस्थी बचाने की चिन्ता होने लगी थी। उसकी शादी को डेढ़ महीना भी नहीं हुआ था। इसीलिए उन्होंने रबिया पर हुकम के सत्ते की तलाश के लिए दबाव बनाया था। रबिया के इधर के रेकार्ड को देखते हुए लग रहा था कि वह भी, बाक़ी गाँव वालों की तरह, एक पायदान नीचे पहुँच गया। लेकिन डोरीलाल को क्या पता था कि वे ख़ुद अपने कपड़ों में आग लगा कर कुएँ में कूदने की तैयारी कर रहे हैं।

जिस दिन पहली बार प्रेम गाँव में आया, तब तक सब ठीक था। गाँव की सीमा पर पहुँचते ही जीप में बैठे प्रेम की आँखों पर पट्टी बाँध दी गयी। सतबीर उसे अपने घर तक लाया और मीना के कक्ष में धकेल दिया। उसके बाद क्या हुआ, कोई नहीं जानता। सिर्फ़ यह अनुमान लगाया जा रहा था कि मीना को शायद शक हो गया हो। उसे वह व्यक्ति अपने पति की तरह न लगा हो। शक होते ही मीना ने आँखों की पट्टी सरका दी होगी। हो सकता है प्रेम ने ही उससे पट्टी खोलने को कहा हो।

ये सिर्फ़ अनुमान थे। इसके अलावा भी कुछ हो सकता है। कुछ भी। हो सकता है प्रेम ने अपनी वास्तविकता और उस गाँव की सारी दास्तान मीना को बता दी हो। ससुर, पति और गाँव के लोग मिल कर क्या कर रहे हैं, यह जानना मीना के लिए किसी सदमे की तरह रहा हो। उसे अपने कानों पर यक़ीन न हुआ हो। पता नहीं क्या हुआ होगा। पर यह तय था कि उस रात ऐसा कुछ ज़रूर हुआ जिससे सारा बखेड़ा खड़ा हुआ।

प्रेम के गाँव में पैर रखने के कुछ दिन बाद ही सुगबुगाहट शुरू हो गयी थी कि सरपंच की बहू किसी से मिलने रात को बरगद के पेड़ के नीचे जाती है। बात जंगल की आग की तरह फैल रही थी। एक दिन चौधरी के कान में भी पड़ गयी। उन्होंने मन ही मन सोचा, उसका 'कुक-कुक' नहीं करना सचमुच ख़तरे की घंटी था।

लेकिन इज़्ज़त तो बचानी थी। उन्होंने तहक़ीक़ात से पहले ही एक और अफवाह उड़ा दी– कि फुल्लो का भूत रात में किसी को भी बरगद के पेड़ के नीचे बुला लेता है। एक रात खुद उन्होंने पाया कि वे बरगद के पेड़ के नीचे खड़े हैं। फुल्लो ने फटी हुई आवाज़ में कहा था–बदला ल्यूँगी–ब-द-ला।

गाँव वालों ने मान लिया कि फुल्लो बदला लेना चाहती है। उन्होंने अब दिनदहाड़े भी बरगद के पेड़ की तरफ़ जाना बन्द कर दिया था। बच्चों को फुल्लो की कहानियों से डराया जाने लगा। औरतें कहतीं, फुल्लो दिखती तो हू-ब-हू वैसी ही है, पर उसके पैर उलटे हैं। बच्चे कहते, उनके बापू ने फुल्लो को देखा है। उसके आगे के दो दाँत उँगली बराबर लम्बे हैं। बुड्ढे रस ले-ले कर उसके क़िस्से बयान करते। अधेड़ कहते, रात में फुल्लो घुँघरू पहने आती है और मटक-मटक कर नाचती है। लड़के दो अंगुल आगे थे। कहते, फुल्लो उन्हें देख कर सीटी बजाती है।

कहानियों के नये-नये संस्करण आ रहे थे। लेकिन तभी गड़बड़ हो गयी। डोरीलाल को क्या पता कि कुछ ही दिनों बाद ऐसा ग़ज़ब हो जायेगा। उनकी

कहानी पन्द्रह दिन भी नहीं टिक पायेगी। लोगों को पता चल जायेगा कि कहानी के तो पैर ही नहीं थे।

डोरीलाल की कहानी ने लोगों के दिलों में भरोसा जमाया ही था कि पिछली रात मीना फुर्र हो गयी।

डोरीलाल के परिवार को सुबह पता चला। मीना हमेशा की तरह पिछली रात भी ज़ोर-ज़ोर से गाने सुनती रही। डोरीलाल की अविवाहित बेटी अक्सर भाभी के कमरे की तरफ़ कान लगाये रहती। कल रात की उसे अच्छी तरह याद है। जो आख़िरी गाना सुनते-सुनते उसे नींद आ गयी थी, वह एक अलग-सी खुरदरी मर्दाना आवाज़ में था। उसने बड़े ध्यान से सुना था–*'अँखियाँ नूं चैन न आवे, सजणा घर आ जा।''* उसके बाद क्या हुआ, पता नहीं। घर के बाक़ी लोग पहले ही सो चुके थे। सतबीर नशा करके लौट आया था और बरामदे में पड़ी खटिया पर गिरते ही खर्राटे लेने लगा था। कोई नहीं जानता कि मीना रात के कौन से पहर में भागी और किसके साथ। चौधरी को शक है कि घटना के तार प्रेम से जुड़े हैं। सिर्फ़ शक है।

सुबह-सुबह ही गाँव की औरतें कुएँ के पास इकट्ठा हो गयी थीं। वे एक-दूसरे के कानों में फुसफुस कर रही थीं। अचानक ही वे मिल कर गीत गाने लगीं। यह बड़ी हैरानी की बात थी। न कोई मौक़ा था और न मौसम। फिर उन्हें गाने की क्या सूझी। डोरीलाल चिल्ला रहे थे। उनकी आवाज़ में गाने के स्वर गड्डमड्ड हो रहे थे। ऐसा लग रहा था औरतें हँस रही हैं।

डोरीलाल सुबह से बेचैन हालत में टहल रहे हैं। बीच-बीच में बाल नोंचने लगते हैं। जो भी सामने पड़ता है उस पर चीखने लगते हैं। उनके ऊपर इतना बड़ा संकट कभी नहीं आया। इस संकट ने गाँव को भी चपेट में ले लिया था। पूरे गाँव के ऊपर बदनामी का ख़तरा चील की तरह मँडराने लगा था। इससे उबरने का कोई रास्ता नहीं सूझ रहा था। जिन पर भरोसा किया उन्होंने भी ऐन वक़्त पर धोखा दे दिया। डोरीलाल इसे बुरा समय मान रहे थे।

डोरीलाल ने फिर से लठैतों को आवाज़ दी। मुक्कान की तरफ़ तिरछी नज़र से देखा। जैसे यह जताना चाहते हों कि उसकी सलाह की ज़रूरत अब नहीं है। उन्होंने ड्राइवर से जीप निकलवाई। अपने बेटे के कान में कुछ कहा लठैतों को दाँत पीस कर कुछ समझाया। यह सब देख कर मुक्कान से रहा नहीं गया। बोला, ''चोधरी साब, थोड़ा धीरज राक्खो।''

डोरीलाल ने मुक्कान की बात पर ध्यान दिये बिना बेटे को गर्दन हिला कर कूच करने का इशारा कर दिया। मुक्कान ने फिर समझाने की कोशिश

की। चौधरी ने मुक्कान की तरफ़ देख कर ज़मीन पर पिच्च से थूक दिया। मुँह पोंछ कर उन्होंने ड्राइवर को उँगली के इशारे से कहा– चल, आगे बढ़। ड्राइवर ने जीप स्टार्ट कर दी। चौधरी का बेटा और लठैत जीप में सवार हो गये। धूल उड़ाती जीप आँखों से ओझल हो गयी। चौधरी डोरीलाल धम्म से खटिया पर गिर गये और हाँफने लगे।

दोहरा संकट था। सचमुच दोहरा। दोहरी ज़िम्मेदारी भी थी। घर की इज्जत बचानी थी और साथ में पूरे गाँव के सम्मान की रक्षा भी करनी थी। यह संकट असल में प्रेम के साथ आया। पर संकट और प्रेम दोनों को लेकर आया था रबिया। पता नहीं उस रोज कॉफी पीते हुए दोनों के बीच क्या बात हुई कि प्रेम राज़ी हो गया था।

मीना के भागने की ख़बर से रबिया के पैरों के नीचे की ज़मीन सरक गयी। सिर के ऊपर आसमान डोलने लगा। उसकी आशंका भी यही थी कि मीना से बरगद के पेड़ के नीचे मिलने वाला प्रेम ही होगा। हो न हो मीना को वही ले उड़ा। इस नतीज़े पर पहुँचते ही उसकी टाँगों में कम्पन होने लगा। लग रहा था, वह लड़खड़ा जायेगा। अब तो निश्चित ही डोरीलाल उसे 'रिटायर' कर देंगे। उसे यमराज भैंसे की पीठ पर सवार होता दिखाई देने लगा। वह जानता था कि प्रेम की तलाश में यमदूत पहले उसके दरवाज़े पर दस्तक देंगे।

रबिया ने अंटी में पैसे रखे, एक थैले में कपड़े ठूँसे, बोरे में भूसा भरा, रस्सी व सुई-धागा लिया और बिना वक़्त गँवाये मुख्य सड़क की जगह पगडंडी की तरफ़ निकल गया। थोड़ी दूर चल कर पगडंडी के दोनों तरफ़ घनी झाड़ियाँ शुरू हो जाती थीं। वह झाड़ियों में घुसा और बाज़ीगर के कबूतर की तरह गायब हो गया।

डोरीलाल कमज़ोरी महसूस कर रहे थे। आँख मूँद कर हलकी सी झपकी लेना चाहते थे। लेकिन बीच आँगन में, नीम के पेड़ पर बैठा कौवा काँव-काँव कर रहा था। उन्हें कौवे पर क्रोध आने लगा। उन्होंने लठैतों को बन्दूक लाने के लिए आवाज़ दी, ताकि कौवे पर गोली चला सकें। लेकिन जवाब किसी ने नहीं दिया। उलटा, बन्दूक का नाम सुनते ही घर की औरतों को जहाँ जगह मिली वहीं छिप गयीं। डोरीलाल का क्रोध बढ़ रहा था। पर अचानक याद आया कि घर में न लठैत हैं और न बन्दूकें।

वे काँव-काँव से ध्यान हटा कर झपकी लेने की कोशिश कर ही रहे थे कि दो-तीन लोग भागते चले आये। उन्होंने सूचना दी कि किसी ने जंगल में रबिया की लाश देखी है। एक पेड़ पर रस्सी से लटक कर उसने उसी तरह

जान दे दी जैसे फुल्लो ने दी थी। डोरीलाल ने गहरी साँस ली। अच्छा हुआ, खुद रिटायर हो गया।

कौवा फिर काँव-काँव कर रहा था। पर उन्हें बन्दूक की ज़रूरत महसूस नहीं हुई।

मुक्कान ने भी गहरी साँस ली थी। लेकिन उसमें गहरा अफसोस था। भले ही रबिया को रिटायर करने की सलाह देने में वह खुद शामिल था, लेकिन आज़ उसे रबिया के लिए सहानुभूति थी। उसमें यह बदलाव तब से आया है जब वह चुपचाप प्रेम के बताये डॉक्टर के पास जाने लगा। प्रेम ने गाँव में पहली बार कदम रखने पर रबिया को भी यही सलाह दी थी। रबिया बुरी तरह डर गया था। उसने कहा था, चौधरी के ख़िलाफ़ काम करने का मतलब है गँड़ासे के आगे गर्दन रखना।

डोरीलाल को हलकी सी झपकी आयी और फिर नींद उचट गयी। लेकिन वे आँखें मूँदे हुए थे। मुक्कान से बात करने को मन नहीं था। मुक्कान ने ही उन्हें समझाने की ग़रज़ से कहा, ''चोधरी साब, ब्याह तो दूसरा भी हो ज़ागा। थम तै सतबीर नै डाक्टर तै दिखाओ।''

डोरीलाल ने नज़रें उठायी और मुक्कान को घूरने के बाद फिर से आँखें मूँद लीं। मुक्कान बोला, ''डाक्टर कहवै सै, म्हारे गाम का पाणी ठीक नहीं। उसमें लोहा ज़्याद्दा सै....के कहवै हैं उन्नै...आयरन। मन्नै तै लागै है, खून में लोहा बढ़नै सै म्हारे में ज़ंग लाग ग्या। म्हारी बात मान्नो... ।''

डोरीलाल चिल्लाये, ''रै तेरी बात का...। धोक्केबाज़, आस्तीण के साँप... ।''

उसी वक़्त आँगन में जीप की आवाज़ सुनाई दी। चौधरी हड़बड़ा कर बाहर की ओर भागे। उनके पीछे-पीछे मुक्कान भी लपका। सबसे पहले चौधरी का बेटा उतरा था। वह थका हुआ लग रहा था। आते ही बाहर रखी खटिया पर बैठ गया। डोरीलाल उसका मुँह ताकने लगे तो उसने हाथ मलते हुए कहा, ''रबिया तै घणा धोक्खेबाज़ लिकड़्या।''

चौधरी ने घबरा कर उसकी तरफ़ देखा। तब तक जोगणी पानी ले आयी थी। सतबीर ने पहले पानी पिया और फिर बापू को क़िस्सा बयान करने लगा।

क़िस्सा यूँ है कि जंगल में रबिया की लाश नहीं, बल्कि धोखा था। उसने अपनी पैंट और कमीज के अन्दर भूसा भर कर अपने पुतले को एक ऊँचे पेड़ पर लटका दिया था। गर्दन और मुँह की जगह उसने फटे-पुराने कपड़े ठूँस रखे थे। उसके ऊपर उसी तरह टोपा डाल दिया था जैसे फाँसी लगाते

वक़्त डाल दिया जाता है। उसने पैंट-कमीज के साथ-साथ नक़ली गर्दन और मुँह को भी बाक़ायदा सुई-धागे से जोड़ रखा था।

दोपहर तक उसके गाँव से लोग इकट्ठा हो गये। उसकी माँ को खटिया पर लिटा कर लाया गया था। उसने ज़िद ठान ली थी कि वह भी मौक़ा-ए-वारदात पर जायेगी। उसे भरोसा नहीं था रबिया आत्महत्या कर सकता है। देखने में, दूर से वह पुतला एकदम रबिया ही लग रहा था। रबिया की माँ और गाँव के लोगों ने देखते ही छाती पीटना शुरू कर दिया। कुछ लड़के लाश उतारने के लिए पेड़ पर चढ़े तो हैरान रह गये। जब उन्होंने वस्तुस्थिति बयान की तो रबिया की माँ, अपना पोपला मुँह चुभलाती हुई हँसने लगी। किसी की समझ में नहीं आ रहा था कि रबिया ने ऐसा क्यों किया। उसकी माँ इस तरह हँसे जा रही थी जैसे उसे सब पता हो। लोग हैरान थे—''रै, यो तै बड़ा खुराफात्ती लिकड़्या।''

क़िस्सा सुन कर डोरीलाल पागलों की तरह अपने ही घर का सामान इधर-उधर फेंकने लगे। उन्हें इस बात से और अधिक क्रोध आ रहा था कि रबिया इस तरह बेवकूफ़ बना कर भागा। डोरीलाल फिर से चिल्लाने लगे, ''इब तै उसकी लाश ही चहिए मन्नै।''

मुक्कान ने चौधरी के बेटे सतबीर को दूसरी तरफ़ चलने का इशारा किया और उसके कन्धे पर हाथ रख कर एक कोने में ले गया। उसने सतबीर को समझाया कि वह चौधरी को शान्त करे। वरना उन्हें कुछ हो सकता है। उनके गुस्सा करने से घर में बेवजह दहशत फैल रही है, सो अलग। डोरीलाल ने मुक्कान को बेटे के साथ गुफ़्तगू करते देखा तो चिल्लाये ''रै सतबीर, इसके झांस्से में ना आ जाइए, यो खुद साज्जिश में शामिल लाग रेया।''

बेटे ने बापू से शान्त रहने को कहा, तो डोरीलाल और ज़ोर से चिल्लाये, ''रै बावले, यो मुक्कान तो रबिया का बाप सै। यो ज़ाद्दा बड़ा धोक्खा देगा।''

चौधरी ने मुक्कान को बाँध कर जीप में डालने की ज़िद पकड़ ली थी। आख़िर लठैतों ने थोड़ा नरमी के साथ ही सही, उसके हाथ-पैर बाँध दिये और जीप में डाल दिया। डोरीलाल ने उन्हें फिर समझाया कि मुक्कान बहुत ही शातिर, मक्कार और मोटी चमड़ी का आदमी है। इससे कुछ भी उगलवाना आसान नहीं। जंगल में ले जा कर इसके कान पर बन्दूक रखो, तब बोलेगा। फिर भी न बोले तो दाग देना। मैं इसका नाम फ़ौती रजिस्टर में लिख चुका।

आनन-फानन मुक्कान को लेकर जीप फिर जंगल वाले कच्चे रास्ते की

ओर रवाना हो गयी। डोरीलाल ने हाँफने के लिए कुत्ते की तरह मुँह खोल लिया। उनका मन जीभ निकालने को हो रहा था। लेकिन सारे तनाव के बावजूद उन्हें ध्यान था कि वे सरपंच हैं।

और अंत में औरतें

रात आधी बीत चुकी है। बाहर भयंकर तूफ़ान है। खिड़कियों और दरवाज़ों की दरारों से अन्दर घुसती हवा 'हुर्र-हूँ, हुर्र-हूँ' करती सीटी बजा रही है। पेड़ों की टहनियाँ झुक कर ज़मीन से मिली जा रही हैं। पत्तियाँ उलट रही हैं और कड़कती बिजली की रोशनी में बिल्लौरी होकर चमकती हैं। चीड़ के जंगलों जैसी साँय-साँय से डर लग रहा है। घरों से पता नहीं टिन की चादरें और जाने क्या-क्या उड़ रहा है। उनके गिरने से कभी-कभी छाती-चीर टंकार गूँजती है। बीच-बीच में कुछ घरों के शीशे बिखरने की खनखनाहट रात को और भी डरावना बना रही है। ऐसा लगता है जैसे आज़ की रात प्रलय आना तय हो।

लठैत अभी-अभी लौटे हैं। तूफान से ऐन पहले। जब वे लौटे तो डोरीलाल पूरे भरोसे के साथ उनकी ओर लपके थे। उन्हें यक़ीन था कि मुक्कान की कनपटी पर गोली दाग़ दी गयी होगी। मुक्कान के बाद, उन्हें यह भी भरोसा था कि किसी भी वक़्त रबिया पकड़ा जायेगा और उसे फाँसी के फँदे पर लटका दिया जायेगा। जैसे ही वह पकड़ा जायेगा, मीना और उसके प्रेमी के बारे में भी कोई सूत्र हाथ लग जायेगा। रबिया के धोखा देकर भागने की जो टीस थी, उस पर मुक्कान की कनपटी छलनी होने से ही मरहम लगने वाला था। गाँव के सम्मान का प्रश्न था। साथ ही सरपंच की तरह दबंग दिखना था। इसके लिए किसी न किसी को सज़ा देना निहायत ज़रूरी हो गया था।

हालाँकि सज़ा मीना और उसके प्रेमी के लिए भी मुक़र्रर कर दी गयी थी। डोरीलाल ने सतबीर से साफ-साफ कह दिया था कि भरी पंचायत में उसे मीना के मुँह पर मूतना होगा। उन्हें लग रह था कि पिछली बार थूकने से वह दहशत नहीं फैली, जैसी फैलनी चाहिए थी। उन्होंने सतबीर से यह भी कहा था कि वह चाहे तो, मीना को गाँव में नंगा घुमाने की सज़ा भी दी जा सकती है। गाँव के लड़कों को लठ लेकर उसके साथ कोंचा-काँची करने की छूट भी वह दे सकता है। प्रेम को तो, उन्हें भरोसा था, इशारा करते ही गाँव के लड़के पीट-पाट कर चपटा कर देंगे। उन्हें यह भी यक़ीन था कि मनुष्यों की पैदावार बढ़ाने का दम भले ही लड़कों में न हो, आबादी कम करने का दम पूरा था। एक बार दोनों हाथ लग जायें तो वे ऐसी सजा देना चाहते थे

जिसे याद करते हुए रोंगटे खड़े हो जायें। जिसका असर दूरगामी हो।

उन्होंने लठैतों से पूछा था– मुक्कान का कान छेद दिया?

लठैतों ने उत्तर देने की जगह सिर झुका लिए थे।

उन्होंने पूछा– सतबीर कहाँ है, तो भी लठैतों ने सिर नहीं उठाये।

उन्होंने पूछा– जीप कहाँ है? लठैत गूँगे बने रहे।

डोरीलाल का रक्तचाप बढ़ गया– "रै बोलते क्यों नहीं, हरामखोर! किसै नै टोणा कर दिया के?"

लठैत फिर भी नहीं बोले। उन्होंने कुछ बोलने की जगह बन्दूकें डोरीलाल की तरफ़ बढ़ा दीं।

डोरीलाल ने बन्दूक झपटी और हवा में फायर करने के लिए घोड़ा दबा दिया। बन्दूक 'खच्च' करके रह गयी। उन्होंने दूसरी बन्दूक उठायी। पर उसकी 'खच्च' ने भी बता दिया कि कारतूस उसमें भी नहीं है। डोरीलाल चिल्लाये–"रै, किसनै मार याए?"

लठैतों ने इस सवाल का भी कोई जवाब नहीं दिया। उलटा, डोरीलाल का धैर्य जवाब दे गया। वे इतनी ज़ोर से चीखे कि टिन की चादर के गिरने जैसी खनक काफी देर तक घर में गूँजती रही। घर की औरतों ने लपक कर दरवाज़े और खिड़कियाँ खोल दीं। डोरीलाल चीखने के साथ ही जमीन पर गिर गये। उनकी पत्नी भागी हुई आयी और लठैतों की तरफ़ याचना भरी निगाहों से देखने लगी। उसकी आँखों में सतबीर की सलामती की चिन्ता साफ झलक रही थी।

एक लठैत ने सिर उठाया और तुरन्त ही झुका लिया। उसे देख कर दूसरे का सिर खुद-ब-खुद उठ कर नीचे हो गया। सतबीर की माँ घबरा गयी। कई तरह की आशंकाएँ मन में उठने लगीं। डोरीलाल लठैतों की तरफ़ झपटने के लिए उठे और फिर से गिर गये।

सतबीर की माँ ने दोनों हाथ उठा कर लठैतों की ओर जोड़ दिये। तब एक लठैत ने डरते-डरते मुँह खोला, "सतबीर तै गया ...शहर... मुक्कान गैल।"

यह सुनते ही डोरीलाल फिर से थोड़ा उठे और पछाड़ खाकर गिर गये।

पहले वाले लठैत ने जोड़ा, "बोल्या, शहर में इलाज़ करावैगा।"

डोरीलाल मिर्गी के मरीज़ की तरह तड़पने लगे।

तभी से घर की औरतें उन्हें घेरे खड़ी हैं। जोगणी के हाथ में पानी का गिलास है। उनकी विधवा बहन पीठ मल रही है। पत्नी तेज़-तेज़ हाथ चलाते हुए पति के तलवों की मालिश कर रही है। डोरीलाल हाँफ रहे हैं। खाँसी

का दौरा-सा पड़ता है। कभी-कभी वे धनुष की तरह टेढ़े हो जाते हैं। उनकी अविवाहित बेटी रो रही है। इतने कठोर और निर्दयी व्यक्ति की हालत पर घर की औरतों को आज तरस आ रहा है।

लठैत सिर झुकाये चुपचाप खड़े हैं।

एकाएक दोनों में से एक के अन्दर हलचल हुई। उसने जेब में हाथ डाला। कारतूस निकाले और डोरीलाल के सामने रखते हुए बोला, "थम गोली मार द्योगे सोच कै लिकाड़ दिये थे।"

तूफ़ान थम चुका था। तूफ़ान के थमते ही चारों तरफ़ सन्नाटा पसर गया। लेकिन इस सन्नाटे में बरगद के पेड़ की दिशा से हँसने की एक अकेली आवाज़ आ रही थी। वह आवाज़ खिड़कियों और दरवाज़ों से अन्दर घुसती हुई कलेजे पर लग रही थी। पहले घर की औरतों को लगा कि यह उनका भ्रम है। पर जब डोरीलाल ने बायें कान पर हाथ रख कर सुनने की कोशिश की तो पुष्टि हो गयी। कोई तो हँस रहा है। यह हू-ब-हू फुल्लो के जैसा ठहाका था, जैसे फटफटिया चल रही हो। डोरीलाल की घबराहट बढ़ने लगी। औरतों के अन्दर एक अज्ञात भय घर कर गया। विधवा बहन को लग रहा था, फुल्लो की आत्मा बरगद का पेड़ हिलने से जाग गयी है। अब कुछ न कुछ अनिष्ट होगा। लेकिन उनकी पत्नी को पता नहीं ऐसा क्यों लग रहा था कि मीना लौट आयी है और बरगद के पेड़ के नीचे खड़ी हँस रही है। या शायद रो रही है।

डर बढ़ते ही डोरीलाल की पत्नी को अचानक लठैतों की याद आ गयी। इधर-उधर देखा, पर वे कहीं नहीं थे। आख़िर वे कहाँ गये। उसने घबरा कर ख़ुद से पूछा– किथ गये दोन्नों?

सबकी निगाहें इधर-उधर उठीं, पर जवाब किसी ने नहीं दिया। डोरीलाल की पत्नी ने धीमे स्वर में ख़ुद को ही जवाब दिया– कदै शहर तै नी गये!

वे बुदबुदायीं थीं। पर जैसे डोरीलाल को पत्नी की बात सुनायी दे गयी। उन्होंने धीरे से आँखें मूँद लीं। उनकी आस टूट गयी थी, लेकिन साँस चल रही थी। सीना धौंकनी की तरह लगातार ऊपर-नीचे हो रहा था। बरगद के पेड़ के नीचे हारमोनियम की तरह कोई अब भी सुर में हँस रहा था। शायद फुल्लो हँस रही थी। या शायद मीना रो रही थी। हो सकता है, यह केवल भ्रम हो और कोई स्त्री आधी रात में गा रही हो। या, कौन जाने, हारमोनियम बजा रही हो।

दहशत में डूबी औरतें अपनी बोली में 'कुक-कुक' करना भूल गयीं। डोरीलाल की छोटी बेटी ने झपट कर खिड़कियाँ बन्द कर लीं।

कठपुतली थक गयी

कमला की इजा (माँ) ने दुर्गन्ध से बचने के लिए अपनी सूती साड़ी के पल्लू से नाक और मुँह ढँक रखे थे। वहाँ अभी-अभी पोंछा नहीं लगा था और फ़िनायल की तीखी दुर्गन्ध भी नहीं आ रही थी। शायद उस भवन के पिछवाड़े को शौचालय के विकल्प के रूप में जिस क़दर इस्तेमाल किया जाता था, यह उसी की दुर्गन्ध थी। यह अन्दर तक फैली हुई थी। यहाँ काम करने वालों के फेफड़ों तक में भरी हुई थी। ये लोग शायद आदी हो चुके थे।

दो पुलिस वाले उसी वक़्त खुले दरवाज़े से दाख़िल हुए। वे इधर-उधर नज़रें दौड़ाने लगे। साफ पता चलता था कि उन्हें किसी की तलाश है। आगे बढ़ते हुए वे कमला की इजा के पास आकर ठिठक गये और उसके चेहरे को ग़ौर से देखने लगे। दोनों में से एक अधेड़ था। अधेड़ की इच्छा हुई कि वह सबसे पहले उसके मुँह से साड़ी खींच ले। पर उसके हाथ बढ़े नहीं। उसने सोचा, ऐसा करना अभद्रता की श्रेणी में आने लगा है। जब वह नया-नया नौकरी पर लगा था, उन दिनों वे लोग औरतों को लात-घूँसे तक मार देते थे। तब उत्तराखंड राज्य नहीं बना था और यह इलाक़ा उत्तर प्रदेश में आता था। हालाँकि इस वजह से पुलिस अचानक सभ्य नहीं हुई थी। वे दूसरे लोगों की तरह ही सार्वजनिक स्थल पर सभ्य बने रहने की भरसक कोशिश कर रहे थे।

बूढ़े मरीज़ जानते हैं, यह जगह बदतर ही होती गयी है। अमोनिया मिश्रित दुर्गन्ध कभी ख़त्म नहीं हुई। बदलाव हमारी ज़रूरत के मुताबिक नहीं हो रहा, बल्कि बदलाव के हिसाब से हमारे अन्दर उसकी ज़रूरत पैदा की जा रही है। इस स्थिति से तालमेल बैठाने में कमला की इजा को भी दिक़्क़त पेश आ रही थी। इसी भँवर में कमला फँस चुकी थी।

अधेड़ ने उसे एक बार फिर ग़ौर से देखा। वह रोयी-रोयी सी आँखें देख कर काफी हद तक आश्वस्त हो गया। हो न हो लड़की के साथ यही औरत होगी। अधेड़ की नज़रें उसके चेहरे पर ठहर गयीं।

''इस लड़की के साथ तुम हो?'' अधेड़ ने पूछा। कमला की इजा इधर-उधर

देखने लगी, जैसे सवाल किसी और से किया गया हो। बगल में बैठी विद्या ने उसे कुहनी मारी, "चाची, पुलिस वाले कुछ पूछ रहे हैं।"

"मुझसे क्या पूछते हैं," कहते हुए उसका स्वर रुआंसा हो आया– मेरी तो किस्मत ही फूट गयी।

वह सुबकने लगी।

दोनों पुलिस वालों में से एक पाँच फुट आठ इंच का नवयुवक था। गोरा और हट्टाकट्टा। अधेड़ की तोंद निकली थी। बायें गाल पर कटे का एक बड़ा सा निशान था। चमड़ी का रंग युवा सिपाही की तुलना में काफ़ी गहरा था। अगर वह वर्दी में न हो तो उसे देख कर कोई भी डर सकता था। साथ खड़े दोनों, एक फ्रेम में देखने पर, ब्लैक एंड व्हाइट तस्वीर का आभास दे रहे थे। तोंद वाला हेड कांस्टेबल था।

"तुम कौन हो इसकी?"– तोंद वाले ने पूछा।

"मेरी लड़की है।"

कमला की इजा का रोना तेज़ हो गया– "हे भगवान, क्या करूँ मैं...।"

पुलिस वाले उसे ढाढस बँधाने लगे। वह और ज़ोर से सुबकने लगी।

"थोड़ा हिम्मत रखो,....हुआ क्या था?"– तोंद वाले हेड कांस्टेबल ने पूछा।

"क्या बताऊँ, परके (पिछले) साल कमला के बाबू खतम हो गये। बस, तभी से सारा घर छत्तर-बत्तर (तहस-नहस) हो गया।"

वह फिर रोने लगी। पुलिस वाले सांत्वना देने लगे। कुछ सामान्य हुई तो अधेड़ ने पूछा, "हाँ तो क्या हुआ था?"

"सत्यानाश हो उनका।"

"किनका?" हेड कांस्टेबल ने पूछा। सवाल वही पूछ रहा था। सिपाही सिर्फ़ देख रहा था और सुन रहा था। वह शिक्षित पीढ़ी का कांस्टेबल था। कम बोलता था। उसे कभी-कभी पुलिस की नौकरी में कोफ़्त होती थी।

"मुबाइल बनाने वालों का।"

दोनों पुलिस वालों ने उसे चौंक कर देखा, आख़िर वह कहना क्या चाहती है।

"ये तिनड़े जैसी दाढ़ी-मूँछ वाले जो होते हैं, सब उन्हीं का किया-धरा ठहरा।"– पुलिस वालों का असमंजस देखते हुए यह उसका स्पष्टीकरण था।

"तीनड़े मतलब?"– हेड कांस्टेबल ने पूछा तो सिपाही ने कहा, "तीनड़े नहीं, तिनड़े। मतलब तिनके।"

सिपाही उत्तराखंड का था, जबकि हेड कांस्टेबल उत्तर प्रदेश का। अधेड़ हेड कांस्टेबल को कुमाऊँनी मिश्रित हिन्दी समझने में दिक़्क़त आ रही थी। उसकी पोस्टिंग ज़्यादातर मैदानी इलाके में रही। डरावने अधेड़ का असमंजस देख कर कमला की इजा ने फिर से समझाने की कोशिश की– "जिनके दाढ़ी और मूँछ में दो-चार ही बाल होते हैं, तिनड़े जैसे!"

"हाँ तो, कौन हैं ये लोग?"

"मैं क्या जानूँ कौन हैं। बज्जर पड़े उनके सिर में।"

"बज्जर मतलब?"

"वज्रपात।"– युवा पुलिस वाले ने समझाया। अधेड़ ने आँखों ही आँखों में उसके बेहतरीन अनुवाद की प्रशंसा की।

"हाँ, तो तीनड़ों ने क्या किया?"

हेड कांस्टेबल को लगा कोई गम्भीर मसला हो सकता है। पर विद्या को हँसी आ गयी। डरावना अधेड़ गुस्से में और ज़्यादा डरावना हो गया।

"क्या है?"

"कुछ नहीं हेड साब, चाची जो है, चायना के लोगों को कोस रही है। उसे लगता है मोबाइल वहीं बनते हैं।"

"तुझे पता है चायना कहाँ है? बकवास करती है।"

वह चुप हो गयी। युवा सिपाही ने अपनी हँसी पर काबू करते हुए कहा– "दीवान जी, ये कमला की माँ उलझा देगी।"

हैड कांस्टेबल ने फौरन कमला की इजा की तरफ़ घूर कर देखा और भौंहें उचकाते हुए पूछा–"हाँ तो, हुआ क्या था।"

"क्या बताऊँ, जब तक इसके बाबू थे, सब ठीक था। परके साल वो खतम हो गये।"

वह फिर रोने लगी।

युवा कांस्टेबल ने समझाया, "जो हो गया, सो हो गया।... दीवान जी पूछ रहे हैं, हुआ क्या था?"

"अच्छी-खासी थी। सारे घर का काम सँभालती थी। परके साल जब इसके बाबू मरे तो हमारे ऊपर पहाड़ टूट पड़ा।"

"पहाड़ में रहते हो तो पहाड़ ही टूटेगा।...आगे बोलो।"

"सुबह का बखत (वक़्त) है, झूठ नहीं बोलूँगी, इसी ने मुझे सँभाला। कहने लगी, इजा चिन्ता मत कर। मैं कमाऊँगी। ...लेकिन क़िस्मत का लिखा कौन मिटा सकने वाला हुआ।"

वह फिर रोने लगी। तभी नीली वर्दी वाला एक कर्मचारी दायीं तरफ़ से आया और तेजी से बायीं तरफ़ जाने लगा, जहाँ दूसरे कक्ष में जाने का दरवाज़ा था। उसके हाथ में दवाइयाँ थीं। उसे देख कर कमला की इजा का रोना एकाएक थम गया। वह आधी ही खड़ी हो पायी थी कि नीली वर्दी वाला नज़रें चुराता हुआ और तेज़ी से निकल गया। वह कमला की इजा जैसे लोगों से निपटने में अभ्यस्त मालूम पड़ता था। कमला की इजा लम्बी साँस खींच कर बैठ गयी और रोने लगी। कांस्टेबल ने फिर समझाया– ''सब ठीक हो जायेगा। आप ये बताओ कि हुआ क्या था?''

''क्या बताऊँ, सोनू के चक्कर में नहीं पड़ती तो, अच्छी भली थी।''

''कौन सोनू?'' –हेड कांस्टेबल के पूछने का अन्दाज़ ऐसा था जैसे वह जासूसी उपन्यास के अन्दर प्रवेश कर गया हो।

''वही डिरैबर, जो टाटा सोमू चलाता है।''

''तो किस चक्कर में पड़ गयी थी तुम्हारी लड़की?''

कमला की इजा ने डरावने अधेड़ के चेहरे को ग़ौर से देखा। वह थोड़ा रूखी हो गयी– ''चक्कर में क्यों पड़ेगी, तुम तो गलत मतलब निकाल रहे ठहरे।''

''हाँ, लेकिन अभी तुम्हीं ने कहा...?''

''कह तो रही हूं, चक्कर कुछ नहीं था। सोनू को तो ये ददा कहने वाली हुई।''

''ददा?'' –''पूछने के बाद अधेड़ ने युवा सिपाही की तरफ़ घूमते हुए सवाल दोहराया– ददा क्या?''

''मतलब ये कि लड़की उसे बड़ा भाई मानती थी।''

''अच्छा, उसने कहा और वापस कमला की माँ की तरफ़ घूम गया, तो तुम्हारी लड़की भाई मानती थी सोनू को, लेकिन फिर भी सोनू गड़बड़ करता था। क्या गड़बड़ की उसने?''

कमला की माँ को अधेड़ का उसके मुँह में शब्द डालना अच्छा नहीं लगा– ''अपना सिर। क्या गड़बड़ करेगा वो?''

''तो तुमने फालतू समझा है हमको? अगर सोनू ने कुछ नहीं किया तो उसकी कहानी क्यों सुनाने बैठ गयी?''

''ऐसे ही, बात पर बात आ गयी। वैसे, सच कहूँ, सब किया-धरा उसी का ठहरा। मेरी लड़की तो गऊ हुई। यहाँ की लड़कियों के हाथ में तो हर बखत मुबाइल रहने वाला हुआ। लड़कों की तो क्या कहें। बिलाँत भर के

छोकरे मुबाइल पर खुच-खुच, खुच-खुच लगे रहते हैं। मेरी लड़की को तो कुच्छ पता नहीं ठहरा।''

''समझ गये। तुम्हारी लड़की पहले बहुत शरीफ थी।''– कहते हुए अधेड़ के होठों पर हलकी-सी हँसी की लकीर खिंच आयी।

''पहले क्या, अब भी हुई।''

''चलो, ठीक है। बोलो।''

''एक दिन क्या देखती हूँ, इसके हाथ में भी मुबाइल है। मैंने पूछा, कहाँ से आया, तो कहने लगी, सोनू ददा ने दिया। मुबाइल न मुबाइल की जड़, अपना पुराना खुट्टल मुबाइल दे दिया ठहरा।''

''आगे बोलो।''

''बस, फिर क्या था, कुछ दिन में इसके रंग-ढंग भी वैसे ही हो गये। हर बखत मुबाइल। रात को लिहाफ ओढ़ कर उसके अन्दर खुसफुस-खुसफुस करने वाली हुई। एक दिन मैंने उजाला जैसा देखा तो लिहाफ खींच बैठी। बज्जर पड़े मेरी अकल को, मैं तो समझ रही थी लिहाफ में आग लग गयी। देखती क्या हूँ, कमला की गप्पें चल रही हैं।''

''किसी लड़के से?''

''कैसी बात कर दी आपने। उसने तो कसम खा के कहा था कि नंदी का फोन है।''

अचानक नीली वर्दी वाला बायें से दायीं तरफ़ निकला तो कमला की इजा खड़ी हो गयी और लपक कर उसकी तरफ़ भागी। उसके हाथ खाली थे और उसने अपने कदम काफ़ी तेज़ कर लिए। उसने कनखियों से देखा और तुरन्त ही, बिना गर्दन घुमाये कमला की इजा की तरफ़ हाथ का इशारा कर दिया– धीरज रखो।

''अब धीरज कैसे रख सकती हूँ मैं, बताओ जरा?''

''ठीक है, आगे?''

''अब जैसे राशन-पानी की दुकान हमारे घर से दो कदम पर हुई। कमला दुकान से सामान लेने जायेगी तो बीच से लौट आयेगी। मैं पूछने वाली हुई, क्या बात है, लौट क्यों आयी? कहेगी, मुबाइल छूट गया। अब बताओ, कैसी बात हुई। इसी के चल रहे हैं पहाड़ में ट्रक और हल्द्वानी-रामनगर में आड़त? फोन के बिना कौन-सा काम अटकने वाला हुआ गरीब आदमी का, बताओ।''

''मतलब बिगड़ गयी थी?''

"कैसी बात कर दी, बिगड़ेगी क्यों? घर से ध्यान हट गया ठहरा। काम से भी। कभी किसी लड़की का फोन, कभी किसी लड़की का। ओहो रे, दिन भर फोन ही फोन। बातें क्या होने वाली हुईं, कुछ नहीं। उठ गयी? —हाँ, सो गयी? —ना। खा लिया? —खा लिया। क्या खाया? —दाल-भात। सूखी रोटी खायी तो भी दाल-भात ही कहना हुआ। क्या बातें हुईं ये फालतू की, बताओ जरा?"

"तो सोनू क्या करता था कमला के साथ?"

"बात करता था और क्या करेगा? तुम भी कैसी बातें करते हो? उसके लिए कोई रोक-टोक थोड़े हुई। कई बार तो इसके फोन में पैसे भी वही डालने वाला हुआ। इसने भाई बनाया ठहरा। इसका कोई सगा भाई थोड़े हुआ। मेरी तो चार लड़कियाँ ही हुईं।"

"ठीक है, जल्दी बोलो।"

"हाँ, तो चार में से तीनों की शादी हो गयी ठहरी। बड़ी वाली का आदमी कोई काम नहीं करने वाला हुआ। उससे मदद की उम्मीद करना बेकार हुआ। दूसरी लड़की गाजियाबाद में है। तुम्हें तो पता ही हुआ, गाजियाबाद कोई लालकुआँ के पास थोड़े हुआ। अब उतनी दूर से आना-जाना आसान नहीं ठहरा। तीसरी लड़की हुई हल्द्वानी में। लेकिन इसके भिनज्यू....अरे क्या बताऊँ हेड साब, बहुत खराब आदमी है वो।"

"अब ये भिनजू कौन है?"

सिपाही ने बताया— "जीजा। कमला का जीजा। 'भिनज्यू' बोलते हैं।"

"हाँ तो भिनजू ने क्या कर दिया?"

"हर समय कमला को फोन करने वाला ठहरा। चलो, हमने कहा, भिनज्यू ही हुए, थोड़ा हँसी-मज़ाक चलने वाली ठहरी। लेकिन वो तो फोन पर बदतमीजी की बातें करने वाला हुआ। वोई, अंटशंट बातें!"

"फिर क्या किया उसने?"

"पिछले साल कमला के बाबू खतम हो गये। खतम हुए तो तीनों लड़कियाँ और दामाद भी आये। आना ही हुआ। गाजियाबाद वाले थोड़ा देर से पहुँचे थे।"

सिपाही ने घड़ी देखी तो हेड कांस्टेबल ने कहा, "हमें भी देर हो जायेगी। थोड़ा शार्ट करो।"

"हाँ, तो मैं क्या कह रही थी? तुमने तो भुला ही दिया।...हाँ, छोटा जँवाई जो हुआ, उसने दिन में ही पी ली। जैसे ही इसके बाबू को फूँक कर आये, वो कहीं से पी आया ठहरा। तो मैंने डाँटा कि जँवाई ज्यू, बरात में

आये हो क्या? डाँटा तो नरनरा हो गया।"

"क्या हो गया?"

सिपाही ने बताया– "नाराज हो गया।"

"तो?"

"तो रात को गुस्से में और पी ली। पी कर टुल्ल हो गया और सो गया। रात के दस बजे कमला गयी लिहाफ निकालने। उसने झट से हाथ पकड़ लिया। कमला ने मचा दिया हल्ला। ...फिर मुझे भी भयंकर रीस उठने वाली हुई।"

"रीस मतलब, गुस्सा?" हेड कांस्टेबल ने अनुमान लगाते हुए सिपाही की ओर देखा तो उसने 'हाँ' में सिर हिला दिया।

"तो फिर क्या हुआ? जरा ज़ल्दी बोलो, बात को खींचो मत।"

"मैंने तो गाली-हाली बक दी गुस्से में। अब तुम जो भी समझो। मेरी दोनों लड़कियाँ और उनके आदमी भी उस पर बिगड़ गये। फिर क्या था। छोटा दामाद तो नाराज हुआ सो हुआ, लड़की भी ऐंठ गयी। मैंने कहा, घुत्ती में गयी।"

हेड कांस्टेबल ने 'घुत्ती' का मतलब नहीं पूछा तो सिपाही ने बता दिया– "दीवान जी, घुत्ती मतलब, ठेंगा।"

दीवान जी मुस्कराने लगे– "फिर?"

"फिर कुछ नहीं।"

"तो इतनी लम्बी कहानी क्यों बतायी?"

"मैं तो ऐसे ही बता रही थी कि हमारा कोई सहारा थोड़े हुआ, करके।... इसके मरे हुए बाबू की कसम खा के कह रही हूँ, मेरी तो लड़की भी कमला हुई और लड़का भी। रोटी कमा कर तो यही लाने वाली हुई।"

"रोटी कैसे कमाती थी?"

"तुम भी बस...। भरी दोपहरी में पीडबुलडी (पी. डब्ल्यू. डी.) की सड़क पर डामर का काम कर देने वाली हुई। आदमियों के हाथ से काम छुड़ा कर खुद ही खौलता डामर फैला देने वाली ठहरी। पढ़ी-लिखी भी हुई। इंटर पास। लेकिन नौकरी कहाँ मिलती है आज़कल। कभी दो-चार दिन नरेगा-मरेगा का काम कर लिया, कभी कोई दीवार-हीवार की चिनाई का काम हो गया, तो गारा बना दिया, ईंटें सार (पहुँचा) दीं। कभी कुछ और मिल गया तो वो कर लिया। जब कुछ नहीं हुआ तो जंगल से लकड़ी ही काट लायी। सौ रुपये में एक गट्ठा (गट्ठर) लकड़ी बेच आने वाली हुई।... लेकिन मेरी तो किस्मत ही फूटी है। जाने कहाँ से आ गया ये सोनू।"

वह फिर रोने लगी। इस बार किसी ने चुप नहीं कराया।

"हाँ तो सोनू ने क्या किया?"

"आदत बिगाड़ दी ठहरी मेरी लड़की की। ये मुबाइल का चस्का उसी ने लगाया। बुरी लत नहीं हुई क्या, आप ही बताओ?...लेकिन सोनू को भी क्या दोष देना, ये जो बटन जैसी आँखों वाले हुए ना, बीमारी तो उन्हीं ने भेजी ठहरी। जाने किस मुलुक (मुल्क) से यहाँ आ गयी ठहरी, बताओ।"

हेड कांस्टेबल ने माथे पर हाथ मारा– "अरे बहनजी, अब फिर से इस बटन-बुटुन को बीच में मत लाओ। मैं जो पूछ रहा हूँ, सीधे-सीधे उसका ज़वाब क्यों नहीं देतीं?"

इस बार विद्या ने हस्तक्षेप किया– बेचारी चाची, अकेली और परेशान औरत हुई। इतनी बड़ी मुसीबत उन पर आ गयी और आप उलटा उन्हें ही डाँट रहे हो?

"ऐ लड़की चुप बैठ। बीच में मत बोलना। नहीं तो तू भी लपेटे में आयेगी।" –हेड कांस्टेबल ने डपट दिया। विद्या ने घोंघे की तरह खुद को समेट लिया। चेहरे पर हवाइयाँ उड़ने लगीं। विद्या की ओर से सहानुभूति मिलते ही कमला की इजा फिर से रोने लगी– "मेरे सिर पहले ही कम मुसीबतें हुईं। ऊपर से मैं खुद बीमार। सुगर की बीमारी हुई, बिलैड पैशर हुआ। पैरों में सूजन अलग रहने वाली हुई।"

वह साड़ी को थोड़ा सा उठा कर अपने पैरों की सूजन दिखाने लगी। हेड कांस्टेबल ने जोर से डाँट लगाई, "बन्द करो ये सब, जो पूछ रहा हूँ, वही बताओ।"

अचानक कमला के शरीर में हरकत हुई तो उसकी इजा सतर्क हो गयी। उसकी एक आँख कमला के बिस्तर की तरफ़ लगी हुई थी। बीच-बीच में वह उचक कर देख लेती थी। कमला को हिलता देख वह बेड की तरफ़ लपकी। उसका हाथ छुआ। माथे पर हाथ रखा। सब ठीक था।

लौट कर आयी तो पुलिस वाले ने पूछा– "हाँ, तो कल रात क्या हुआ था?"

"वही तो बता रही हूँ।"

"तुमने मेरी लड़की का चेहरा देखा?"

"हाँ, देखा। चेहरा तो ठीक है।"

"वही तो कह रही हूँ। अपने मुँह से अपनी लड़की की तारीफ क्या करूँ, बच्चों को कभी-कभी माँ-बाप की नज़र भी लग जाने वाली हुई।... आग लगे मेरी आँख को, मेरी ही नज़र लगी होगी मेरी लड़की को।"

वह फिर रोने लगी। हेड कांस्टेबल ने बेबस होकर सिपाही को देखा, ''अरे भय्या, इस औरत ने तो पागल कर दिया। कहाँ-कहाँ की बातों में उलझा देती है।''

कांस्टेबल हँसने लगा। अधेड़ हेड ने अपना चेहरा फिर कमला की इजा की तरफ़ घुमा लिया।

''ऐ बहनजी, ये रोना-धोना बन्द करो और सीधे-सीधे मेरी बात का जवाब दो।''

इस बार कमला की इजा थोड़ा सहम गयी और साड़ी के छोर से आँसू पोंछती हुई बोली ''सच कह रही हूँ। सारा बवाल तो इसी मुबाइल का हुआ। अब तुम कहोगे, अपनी लड़की की तारीफ कर रही है। सच्ची में, बहुत सीधी हुई।''

''अरे, सीधी-टेढ़ी जाये भाड़ में। हम क्या नाऊ हैं? तुम्हारी बिटिया की शादी करवाने आये हैं?''

शादी की बात पर कमला की इजा का ध्यान अचानक युवा कांस्टेबल की तरफ़ चला गया। वह तोंद वाले अधेड़ की बात पर ध्यान दिये बिना उससे मुख़ातिब हो गयी, ''तुम कहाँ के हो और कौन हुए?''

''क्यों?''

''नहीं, ऐसे ही पूछ रही हूँ। नाम क्या हुआ तुम्हारा?''

''लालसिंह।''

''अच्छा? हम भी तो ठाकुर ही हुए। ...मेरी लड़की तो तुमने देख ली। दिखने में कम थोड़ी हुई। अब ठीक हो जाती तो शादी के बारे में सोचती। परके साल इसके बाबू खतम हो गये, तब से यही कमा कर खिला रही ठहरी। कहने वाली हुई, इजा शादी नहीं करूँगी। तुझे पालूँगी।''

कांस्टेबल थोड़ा असहज हो गया था। बात का रुख़ मोड़ने के लिए बोला, ''किसी से दुश्मनी तो नहीं थी?''

''नहीं हो। ये विद्या अच्छी तरह जानने वाली हुई। वैसे एक बात बताऊं, विद्या को भी मैं अपनी लड़की जैसा ही मानती हूँ। मेरी लड़की से दो साल बड़ी ठहरी, लेकिन दोनों की पक्की दोस्ती हुई। हमारे पड़ोसी हुए ये लोग। लड़की तो ये भी लाखों में एक ठहरी। मुबाइल तक नहीं रखने वाली हुई।... मुबाइल तो मेरी लड़की भी नहीं रखती थी, लेकिन मेरी तो क़िस्मत ही खराब है।''

कमला की इजा फिर रुआँसी हो गयी। विद्या ने शरमा कर दुपट्टे का कोना मुँह में डाल लिया था। उसकी नज़रें जमीन पर गड़ी जा रही थीं।

''कहाँ तक पढ़ी हो?'' लालसिंह ने पूछा तो वह और ज़्यादा झेंप गयी।

कमला की इजा ने ज़िद की– "बता दे।"

"इंटर किया था। हमारे यहाँ आगे की पढ़ाई के लिए कॉलेज थोड़े हुआ।"

युवा कांस्टेबल ने अचानक हेड के कान में कुछ कहा और विद्या से बोला–"थोड़ी देर के लिए बाहर चलोगी, तुमसे बात करनी है।"

विद्या का रोम-रोम खिल गया। बोली, "मुझसे क्या करनी है, करनी है तो मेरे बाबू से करो।"

लालसिंह मुस्कराने लगा। वह बोलता कम और मुस्कराता ज़्यादा था। कमला की इजा के इशारा करने पर विद्या बाहर जाने को तैयार हो गयी। तभी कमला की इजा का ध्यान वार्ड ब्वॉय की तरफ़ चला गया था, जिसने अभी-अभी ग्लूकोज की बोतल में सिरिंज से कोई दवा डाली थी। पारदर्शी पानी का रंग पीला हो गया था। उसने पूछा, "मेरी लड़की ठीक हो जायेगी?"

"ये जो कर रहे हैं, ठीक करने के लिए ही किया जा रहा है। समझ आया?" –मरीजों और उनके सवालों ने निपटने में माहिर वार्ड ब्वॉय ने कहा। उसने बन्दर की तरह दाँत निकाल लिए थे। वह दो कदम पीछे हट गयी।

"मैं तो पूछ रही थी कि उसकी हालत ठीक है?"

"ये नहीं बता सकते। ये तो डाक्टर साहब ही बताएँगे।"

"कहाँ हैं डाक्टर साब?"

"पता नहीं कहाँ हैं। हम उनसे पूछ नहीं सकते कि वे कहाँ हैं।"

"आयेंगे तो सही?"

"आना चाहिए। नहीं भी आ सकते।"

"कमला की इजा खिसिया गयी। उसने असहाय होकर हेड कांस्टेबल की तरफ़ देखा। हेड ने अपनी डायरी में झाँकते हुए कहा–"अब ख़त्म करो। लंच टाइम हो रहा है। यहाँ आस-पास खाने को भी कुछ नहीं मिलेगा।"

"मिल जायेगा। जरा सा आगे निकल जाओ। बहुत बड़ा बाज़ार तो नहीं है, गाँव का इलाका हुआ। पर चौमिन (चाउमिन) तो मिल ही जायेगा।"

"ठीक है, तो बताओ, किसी ने मारने को कोशिश तो नहीं की?"

"नहीं, नहीं।... ये तो मेरी क़िस्मत ही फूटी थी।"

वह फिर भैं-भैं कर रोने लगी।

हलकी सर्दी शुरू हो चुकी थी। अन्दर बैठे-बैठे कमला ठिठुर गयी थी। लेकिन लालसिंह को देख कर नहीं लग रहा था कि उसे मामूली सर्दी प्रभावित करती होगी। पहाड़ों में सितम्बर के आख़िरी दिन कुछ ऐसे ही होते हैं। इन

दिनों आसमान काफ़ी साफ होता है और कुछ ही देर में धूप चुभने लगती है। वे दोनों बाहर धूप में आ गये थे। धूप अच्छी लग रही थी। विद्या लगातार सिर झुकाये चल रही थी। थोड़ा संकोच और थोड़ा सैंडल की वजह से। घर से चलते वक़्त उसने अपनी टूटी सैंडल को खुद ही ठोक-ठाक कर ठीक कर लिया था। इस वक़्त वह कुछ ज़्यादा ही सावधान थी और पैर दबा कर चल रही थी। चेहरे पर मुस्कान लगातार बनी हुई थी। लालसिंह ने कहा– "विद्या बालन की तरह तुम्हारे गाल पर भी गड्ढे पड़ते हैं।"

वह खुशी भरे गुब्बारे की तरह हलकी हो गयी और आसमान की तरफ़ उठने लगी। लेकिन संकोच ऐसा था, जो धागा बन कर नीचे, खूँटे की ओर खींच रहा था। उसकी मुस्कराहट गहरी हो गयी थी। लालसिंह ने पूछा– "विद्या बालन को जानती हो?"

विद्या को लगा, लाल सिंह उसे गँवार न समझ ले। बोली– "हाँ। अब तो मोटी हो गयी। सुन्दर बहुत है ना?"

"अच्छा ये बताओ, कोई चक्कर है क्या?"

"नहीं, भगवान कसम, मेरा कभी कोई चक्कर नहीं रहा। मेरे पास तो मोबाइल भी नहीं है।"

"अरे, तुम्हारी नहीं, कमला की बात कर रहा हूँ। तुम्हें तो देख कर ही लगता है कि तुम्हारा कोई चक्कर नहीं हो सकता।"

विद्या ने कृतज्ञता और प्रेम मिश्रित दृष्टि से लालसिंह की तरह देखा– "कमला जो है, लड़की तो बहुत ही अच्छी हुई। सीधी भी हुई। कभी मुँह से आवाज़ नहीं निकलने वाली ठहरी।"

"लेकिन बिगड़ गयी?"

"बिगड़ी तो नहीं, पर...।"

"पर क्या?"

"सोनू जो है, नम्बर एक का लोफर आदमी हुआ। लड़की जो भी दिखाई दे, छेड़ेगा ज़रूर। आदत खराब ठहरी। कमला उसको भाई ज़रूर कहने वाली हुई, पर, सच कहूँ... कमला हुई सीधी, आ गयी चक्कर में। ये जो हुआ, सुबह-सुबह बालों में जैल-फैल लगा कर टाटा सूमो में बैठ जाने वाला हुआ। शीशे में देखता रहने वाला हुआ, कमला आ रही है, करके। गाड़ी का मालिक थोड़े हुआ वो। सूमो तो फसकिया (गप्पी) पंडित की हुई। ये ड्राइवर ठहरा। मुझे सारी बातें पता हुईं।"

"अच्छा तो चक्कर था दोनों का?"

"हाँ, शुरू-शुरू में जब सोनू का फोन आये तो कमला मोबाइल मुँह पर लगाकर 'पुच्च' करने वाली ठहरी। इतना तक हो गया ठहरा। कितने दिन छुपी रहने वाली हुईं ऐसी बातें? काम पर जायेगी तो हर समय कान पर फ़ोन लगा रहने वाला हुआ। वहाँ भी रोज डाँट खाने वाली हुई। वो लोग साफ-साफ कहने लग गये, या तो मोबाइल घर छोड़ कर आना या काम पर मत आना।"

"समझ गया।"

"इसके मोबाइल में पैसे सोनू ही डलवाने वाला हुआ। सारी कहानी खराब हुई तीन-चार महीने पहले, जब कमला ने मोबाइल बदला। उँगली से खिसकाने वाला (एंड्रॉयड) फोन ले आयी। नया फोन आते ही... क्या कहते हैं उसे... वटसाब (व्हट्सअप) का चस्का भी लगा लिया। इंटरनेट का खर्चा बढ़ गया ठहरा। अब ये बातें चाची की समझ में कहाँ आने वाली हुईं। वटसाब ने कितने ही दोस्त बना दिये। पहले दिन भर फोन आने वाले हुए, अब मैसेज भी आने लगे। फोटो अलग हुए।"

लालसिंह मन्द-मन्द मुस्करा रहा था।

"अब, कहना तो नहीं चाहिए, पर इन दिनों वह मुन्ना पांडे के चक्कर में पड़ गयी थी। मुन्ना पांडे इसे एक-दो बार बाइक में भी ले गया। पैसे उसके पास बहुत हैं, बल। आजकल सोनू का फोन काट दे रही थी। सोनू ने भी इसका फोन रिचार्ज कराना बन्द कर दिया। मेरी सहेली हुई, इसलिए मुझे सब पता ठहरा।"

"ये बताओ, कल रात क्या हुआ?"

"कल रात का मुझे नहीं पता। सच्ची।"

"तुम झूठ बोलने वाली लड़की तो नहीं हो?"

"सुना है, जहर खाया। अब सही बात तो कमला को पता होगी या चाची को।"

लाल सिंह ने घड़ी देखी और बोला– "अन्दर चलें?"

विद्या के कदम धीमे पड़ रहे थे। लालसिंह को लगा शायद वह कुछ कहना चाहती है।

"कुछ कहना चाहती हो?"

विद्या ने कोई जवाब नहीं दिया और सिर झुका लिया। होंठों का खिंचाव बना रहा।

दोनों जब अन्दर पहुँचे तो कमला की इजा डॉक्टर के पीछे खड़ी थी, जो अभी-अभी आया था और कमला की पुतलियाँ देख रहा था। अचानक

डॉक्टर का फोन बजा– ''हाँ, केक मँगा दिया है।... आ जायेगा।....हाँ-हाँ। ओके।''

डाक्टर ने उसकी नब्ज़ देखी और ज़ल्दी-ज़ल्दी पैड पर कुछ लिखा। वह जिस रफ़्तार से आया था उससे ज़्यादा तेज़ी के साथ वापस चला गया। जैसे उसका ध्यान किसी ज़्यादा ज़रूरी काम की तरफ़ चला गया हो। डॉक्टर किसी की तरफ़ देखता नहीं था। मानो, उसके साथ संवाद की भाषा अभी बनी न हो। पर वह हँसता भी नहीं था। उसने इस कृत्रिमता को अपने पेशे का हिस्सा बना लिया था।

कमला की इजा वार्ड ब्वॉय के पीछे भागी। उसने डपट दिया। डॉक्टर की अनुपस्थिति में फार्मासिस्ट और यह वार्ड ब्वॉय भी डॉक्टर की तरह बनावटीपन ओढ़ने का अभ्यास करते रहते थे।

कमला की इजा वापस आकर उसके बेड से कुछ दूर फर्श पर बैठ गयी, जहाँ पहले बैठी थी। विद्या भी उसके बगल में, ठीक पहले की तरह बैठ गयी थी। हेड कांस्टेबल उनके सामने रखे स्टूल पर बैठा था। बगल के दूसरे खाली स्टूल पर कांस्टेबल लालसिंह बैठ गया। लालसिंह ने धीमे स्वर में हेड से पूछा– ''बयान हो गया?''

''अरे कहाँ का बयान। तभी से ड्रामा चल रहा है। बार-बार रोने लगती है।''

''ख़त्म करो जी ये नौटंकी।''

कमला की इजा बड़बड़ायी– ''डॉक्टर तो ऐसे भागा जैसे उसका दूध उबल रहा हो।''

हेड कांस्टेबल ने कुछ क्षण उसे सामान्य होने दिया और फिर थोड़ा सख़्त लहजे में बोला–''देखो, कल रात की बात बताओ, सिर्फ़ कल रात की। ताकि हम भी चलें।''

कमला की इजा चुप रही। पुलिस वाले ने थोड़ा इन्तज़ार किया और फिर कहा– ''ये पुलिस केस है। सही से बताओ। लेकिन कल रात से शुरू करना।''

''कल शाम की बात है। कमला ने सौ रुपये माँगे। मोबाइल में पैसे डलवाने के लिए। मैंने कहा, राशन की दुकान में राशन आया हुआ है। मेरे पास कुल दो सौ रुपये हैं। कहने लगी, राशन फिर आ जायेगा। मैंने कहा, क्यों, कल खाना नहीं खायेगी? कहने लगी, नहीं खाऊँगी। मुझे सौ रुपये दे। मैंने कहा, मुबाइल के बिना कोई मरता नहीं। कहने लगी, मैं मर सकती हूँ।

मुझे आ गया गुस्सा। मैंने कहा मर जा फिर, मैं तो कल राशन लाऊँगी।''

''फिर?''

''ऐसी जिद तो रोज ही करने वाली हुई। शाम को काम करके लौटेगी, तो पैसे मेरे हाथ में धर देगी। दूसरे दिन कहेगी, सौ रुपये दे दे, मुबाइल में पैसे डलवाने हैं। जब मैं नहीं दूँगी तो चुरा कर ले जायेगी।''

''चोरी भी करती थी?''

''दूसरे की थोड़े करने वाली हुई। ऐसे ही पैसे उठा ले जाने वाली ठहरी। काम तो रोज-रोज मिलने वाला नहीं हुआ। लेकिन भूख तो रोज ही लगने वाली हुई। कमला के मुबाइल का भी पेट भरना हुआ।''

''फालतू का भाषण मत झाड़ो। ये बताओ, फिर क्या हुआ?''

''रात में खाने के लिए आवाज़ देती रह गयी। जब बहुत देर तक नहीं आयी तो मैं अन्दर वाले कमरे में गयी। देखती क्या हूँ, मुँह से गाज (झाग) निकल रहा है। मेरी तो ऊपर की साँस ऊपर और नीचे की नीचे। उस बखत होश में थी। मैंने पूछा, क्या किया तूने, तो कहने लगी, चूहे मारने की दवा खा ली। पेट में जलन हो रही है। ठंडी चीज पीने को मन कर रहा है। मैं रोने लगी। झटपट पानी ले आयी। कहने लगी, अब मर जाती हूँ। बस आख़िरी बार पैप्सी की बोतल पिला दे।''

वह फिर से रोने लगी। पुलिस वाले चुप हो गये थे। उसने फिर कहना शुरू किया–''मेरी चीख-पुकार सुन कर पड़ोसी आ गये ठहरे। विद्या की इजा भी हुई। सबने मिल कर उल्टी कराने की कोशिश की। थोड़ी-सी हुई भी। फिर कुछ देर बाद बेहोश हो गयी। आख़िर रात के दो बजे यहाँ अस्पताल आये। उस बखत अस्पताल में कोई ठहरा ही नहीं।''

''तो आत्महत्या की कोशिश की?''

वह चुप हो गयी। शायद कुछ कहती कि तभी लालसिंह की नज़र कमला पर पड़ गयी। स्टूल पर बैठे लालसिंह को अपनी जगह से कमला का चेहरा साफ दिखाई दे रहा था। उसने कमला की इजा से उठ कर उधर जाने के लिए कहा। वह तेज़ी से भागी। कमला के होठों के किनारे से खून रिसने लगा था। कमला की इजा ने कोहराम मचा दिया। वार्ड ब्वॉय दौड़ा-दौड़ा आ गया।

फार्मासिस्ट उस वक़्त पान खाने गया था। डॉक्टर कहाँ था, कोई बताने को तैयार नहीं था। वार्ड ब्वॉय के अलावा अस्पताल में सिर्फ़ एक सफाई कर्मचारी था। वार्ड ब्वॉय कुछ नहीं कर सकता था। उसने खून पोंछ दिया।

डॉक्टर ठीक आधे घंटे बाद पहुँचा। उसने मरीज़ की पुतलियाँ देखीं, नब्ज़ देखी, स्टेथेस्कोप से दिल की धड़कनें सुनीं। तभी उसका फोन बज उठा।

"हैलो,...हाँ बेटा, मैं जल्दी पहुँच जाऊँगा, ओके?... अभी तो एक बजा है।... तीन बजे तक...प्रॉमिस।...बाय।"

तब तक फार्मासिस्ट भी पहुँच गया था। उसके हाथ में तम्बाकू का पान था। वह वार्ड ब्वॉय के लिए बँधवा लाया था। उसने डॉक्टर से सलाह-मशमिरा करते हुए हाथ पीछे किया। वार्ड ब्वॉय ने पीछे से पान खींच लिया। दो मिनट के अन्दर ही, तीनों बातें करते हुए डॉक्टर के कमरे की तरफ़ निकल गये।

पता नहीं उनमें से किसने 108 नम्बर पर फोन कर एम्बुलेंस बुला ली थी। एम्बुलेंस के आते ही, अपनी ही रफ़्तार में काम करने वाले उस प्राथमिक स्वास्थ्य केन्द्र में कुछ देर अफरा-तफरी मच गयी। कमला की इजा हक्की-बक्की। कभी इसका चेहरा देखे तो कभी उसका। पुलिस वाले निकलना चाहते थे, लेकिन अफरा-तफरी में एक आख़िरी औपचारिकता अटक गयी थी।

दो लोग स्ट्रेचर ले आये। उन्होंने आनन-फानन कमला को स्ट्रेचर पर डाल दिया और एम्बुलेंस की तरफ़ ले जाने लगे। कमला की इजा चिल्लायी– "ये कहाँ ले जा रहे हो? हुआ क्या है, कोई बता क्यों नहीं रहा?"

बार-बार उसकी नज़रों से बच रहे और रूखे वार्ड ब्वॉय ने इस बार उसके पास आकर मखमली स्वर में कहा– "देखो, हालत ठीक नहीं है। तुम्हें तो पता है, यहाँ साधन नहीं हुए। देर हो गयी तो मुश्किल हो जायेगी। हमने हल्द्वानी के लिए रेफर कर दिया है। बड़े अस्पताल की बात अलग होती है।"

"लेकिन मेरे पास तो पैसे ही नहीं हैं। हल्द्वानी कैसे जाऊँगी? तुम लोगों को पहले बताना तो चाहिए था। इतनी जल्दी उसे एम्बुलेंस में चढ़ा दिया।"

कमला की इजा एम्बुलेंस की तरफ़ भागी। पुलिस वाले वहीं खड़े थे और एम्बुलेंस के ड्राइवर से रास्ते में छोड़ देने को कह रहे थे। उसने विद्या से भाग कर घर जाने और अपने बाबू से चार-पाँच हजार रुपये की व्यवस्था करने को कहा वार्ड ब्वॉय ने आकर कमला की इजा को कुछ कागज़ थमा दिये। लालसिंह ने यूँ ही पूछ लिया–"क्या हाल है लड़की का? बचेगी?"

"मुश्किल है। रास्ते में ही कहानी ख़त्म हो जायेगी।"

"तो हल्द्वानी क्यों भिजवा रहे हो?"

वह मुस्कराया। लालसिंह के चेहरे पर सवाल अब भी अटका हुआ था। वार्ड ब्वॉय टाल नहीं पाया।

"यहाँ कुछ हो गया तो मुसीबत ही हुई। कागजी खानापूरी कम होती

है? डॉक्टर साहब ने कहा, रेफर कर देते हैं। आज़ डॉक्टर साहब के बेटे का बर्थडे भी है।''

कमला की इजा को कुछ शंका सी होने लगी। उसने लालसिंह से पूछा कि वार्ड ब्वॉय क्या कह रहा है? वह टाल गया। बोला, ''कुछ नहीं। कह रहा था चाय पीकर जाना।''

उसके चेहरे की चिरपरिचित मुस्कराहट गायब थी।

एम्बुलेंस चल पड़ी। कुछ दूर चल कर कमला की इजा ने विद्या के घर के पास रुकवा दी। ढाई हजार रुपये का इन्तज़ाम हो पाया था। लेकिन कमला की इजा को इतने पर ही काफ़ी तसल्ली हो गयी थी। एम्बुलेंस आगे बढ़ी तो कांस्टेबल से बोली– ''तुम चुप क्यों हो?''

''ऐसे ही।''

वह हेड कांस्टेबल की ओर मुखातिब हुई –''आप भी कुछ नहीं बोल रहे, हेड साब?''

''थक गया हूँ।''

''हल्द्वानी तो बड़ा अस्पताल हुआ। मुझे तो भरोसा है, ठीक हो जायेगी।''

''कांस्टेबल ने पता नहीं क्या सोच कर कमला की नब्ज टटोली।'' कांस्टेबल के चेहरे का रंग उड़ गया। अपने साथी की तरफ़ देखने के बाद डरावना हेड कांस्टेबल एकाएक डरपोक नज़र आने लगा।

''ठीक तो हो जायेगी ना?''

दोनों पुलिस वालों ने कोई जवाब नहीं दिया। लालसिंह का सिर चकराने लगा। उसे लग रहा था, कमला ने ज़हर नहीं खाया। वह खूब नाची होगी। और जो धागे उसे नचा रहे थे उनमें उलझ कर वह गिर गयी होगी। या नाचते-नाचते थक गयी हो और थकान से उसकी साँस उखड़ने लगी हो। उसने कमला के मुँह पर लगे ऑक्सीजन मास्क की तरफ़ देखा और फिर ड्राइवर को आवाज़– ''हमें यहीं उतार देना भय्या।''

कमला की इजा ने झटपट ब्लाउज में खोंस कर रखा बेटी का सेल फोन निकालते हुए लालसिंह से पूछा– ''यहाँ कहीं फोन में पैसे डल जायेंगे?''

कांस्टेबल ने कोई ज़वाब नहीं दिया। कमला की इजा ने खुद ही कहा– ''होश में आते ही खुश हो जायेगी ना, इसलिए।''

दोनों पुलिस वाले उतरे और कमला की इजा से नज़रें मिलाए बग़ैर बहुत तेज़ी से निकल गये।

सुबह है और चश्मिश है

दीनू चौरसिया को कुत्ते ने काट लिया। वह कुतिया भी हो सकती है। इससे कोई फ़र्क नहीं पड़ता।

सुन्दर को पसीना छूट रहा है। बगलें चूने लगी हैं। कुत्तों से वह इतना भी नहीं डरता। फिर भी हलक सूख रहा है। यह जानते हुए कि दीनू की तरह वह ऐसा कुछ नहीं करेगा जो कुत्ता झपट ले।

बेशक उसकी आशंका और भय निर्मूल नहीं हैं पर इस घटना के केन्द्र से भी उपजे नहीं हैं। भय एक गझिन संजाल की तरह है। उसके सारे छोर नज़र नहीं आते, किन्तु एक तार मुन्नी से अवश्य जुड़ा है। इसलिए मुन्नी जब-जब याद आती है सुन्दर आहें नहीं भरता। करवटें नहीं बदलता। वह सिर्फ़ भयभीत होता है। और कामना करता है कि काश वह सुरक्षित हो। लेकिन जानता है कि आश्वस्त होने के लिए कोरी हवाबाजी से काम नहीं चलता। कोई पुख़्ता प्रमाण चाहिए। पुख़्ता प्रमाण उसके पास नहीं है। सिर्फ़ बहाने हैं तसल्ली देने के– कि ऐसा नहीं हो सकता। वह बहाने ढूँढ़ता है क्योंकि बहाने तसल्ली देते हैं। तसल्ली इसलिए चाहिए क्योंकि मुन्नी याद आती है।

मुन्नी लगातार पीछा करती है। किसी घटना के, प्रसंग के, सन्दर्भ के बहाने। या फिर इसके बिना भी– किसी सपाट दृश्य का आँखों के आगे से गुज़र जाना ही काफ़ी होता है। मसलन, चौराहे पर टँगा साइन बोर्ड, किसी सान्ध्यकालीन अख़बार के शीर्षक की एक झलक, या ऐसा कुछ भी जो जीवन की मामूली सी भूल की तरफ़ इशारा करता हो।

हरामजादी खाँसी रह-रह कर आ रही है। दमे का-सा दौरा पड़ता है। आँखें निकलने को हो आती हैं। समझ नहीं आता कि बेमौसम कहाँ से आ गयी। खाँसी का कोई तो कारण होना चाहिए। वह नमक का गरारा करता है। खास आराम नहीं मिलता। बिस्तर पर लेटता है तो हलकी हरारत का अहसास होता है, जैसे बुख़ार हो। उठ कर थर्मामीटर जीभ के नीचे रख लेता है और फिर से लेट जाता है।

थर्मामीटर के पारे ने अभी चढ़ना शुरू किया है। सम्भव है कि सामान्य के निशान पर रुक जाये। पर सुन्दर का हाथ मेज पर रखी क्रोसिन खोजने लगा है और काँप रहा है। काँपता इसलिए है क्योंकि दिमाग़ लगातार सवाल करता है– आख़िर बेवजह बुख़ार क्यों? कहीं यह शुरुआत तो नहीं?

फिर वही भय। भय मुन्नी के साथ आता है। पहले मुन्नी आती है और फिर भय। या शायद पहले भय आता और फिर मुन्नी। दोनों के आने का अन्तर इतना कम होता है कि कभी-कभी लगता है दोनों साथ आते हैं। आते हैं तो मलेरिया की तरह हाड़ हिला देते हैं।

"हैलो।"—कोई क्षीण आवाज़ है।

"कौन?"—सुन्दर पूछता है।

दूसरी तरफ़ से जवाब की जगह सवाल आता है—"कैसे हो? तबीयत ठीक है?"

मुन्नी डरा रही है, यह समझ में आते ही सुन्दर आपा खो देता है—"ऐसी-तैसी तबीयत की। तुम बार-बार तबीयत क्यों पूछती हो?"

अपनी उत्तेजना की तरफ़ ध्यान जाते ही वह पैंतरे की तरह स्वर बदलता है, "मुन्नी, तुम्हारी आवाज़ को क्या हुआ?" बीमार हो क्या? और तुम हो कहाँ?"

फोन कट जाता है। वह बाल नोचने लगता है। उसे अपने ऊपर गुस्सा आ रहा है। उसने क्यों घबराहट और भय का परिचय दिया। कहीं मुन्नी इसी का फायदा न उठाती हो?

कौन जाने सचमुच फायदा उठाती हो। सच्चाई सिर्फ़ मुन्नी जानती है। और मुन्नी का अता-पता मालूम करने का एक और अवसर उसने अपने बाँगड़ूपन में गंवा दिया। उसे धैर्य से काम लेना चाहिए था। आवाज़ साफ नहीं सुनाई देने का बहाना करना था और सेल नम्बर देकर कहना था– इस पर फोन करे। फोन कोड से कुछ तो सुराग मिलता।

हो सकता है, मुन्नी यहीं, इसी शहर के किसी कोने में हो। अपने घर, लखनऊ में होने की सम्भावना तो सबसे ज़्यादा है ही। यह भी सम्भव है कि मौसा-मौसी के घर से वह सीधे लखनऊ गयी ही न हो, बल्कि कहीं भाग गयी हो। और देश के किसी ऐसे कोने में जा बसी हो जिसके बारे में कल्पना करना भी सम्भव न हो। जैसे—टनकपुर, कांटलपाड़ा या...।

उसे मुन्नी पर क्रोध आने लगता है– बहुत ही चालाक और शातिर है। बीमारी की बात ही नहीं करती बल्कि आवाज़ को भी बीमार कर लेती है,

ताकि मुझे लगे कि वह बीमार है और मेरे अन्दर भी बीमारी का खौफ़ फन उठाने लगे। वह इतनी सफाई से अभिनय कैसे कर लेती होगी?

कहीं ऐसा तो नहीं मुन्नी सचमुच बीमार हो।

यह ख़याल ख़ुमारी की तरह फिर दिमाग़ पर चढ़ने लगता है। हाथ काँपने लगते हैं। होंठ सूख जाते हैं। माथे पर पसीने की बुंदकियाँ झलकने लगती हैं। ऐसा क्यों होता है? इसलिए कि वह मुन्नी के बीमार होने का यक़ीन करने लगा है। क्या सचमुच मुन्नी बीमार है या फिर यूँ ही डराती है?

आख़िर मुन्नी डराती क्यों है?

सुन्दर छिपकली की झड़ी पूँछ की तरह छटपटा रहा है। यह सोच कर कि दीनू तो आवारा कुत्ते तक पर नज़र रख सकता है, किन्तु कैसी विडम्बना है कि वह मुन्नी पर नज़र नहीं रख सकता– मुन्नी, जो इंसान है। मुन्नी जो आवारा नहीं है। शायद है। पता नहीं। शायद नहीं है। यदि पता हो तो सम्भवतः उसे राहत मिले। दिमाग़ पर छत्ता बना चुके ततैयों से।

दीनू चौरसिया खोजी कुत्तों की तरह कुत्ते को खोज रहा है।

सुन्दर भी मुन्नी को खोजना चाहता है। लेकिन कैसे? मुन्नी का अता है न पता। पता वह न लिखती है, न कहीं से पता चलता है।

वह तो सिर्फ़ इतना लिखती है–

"कैसे हो? तबीयत ठीक है? किसी तरह की कोई तकलीफ़ तो नहीं है? अपने स्वास्थ्य का ध्यान रखना।"

बिना सम्बोधन और बिना नाम-पते वाले इस पत्र से सुन्दर जान लेता है कि वह मुन्नी का है। वह चीखना चाहता है–"चल साली, डराती है!"

चीखने के प्रयास में दम घुटने लगता है। वह ख़ौफ़ से भर जाता है। हाथ पसीजने लगते हैं। कनपटी की नसें फूल जाती हैं। कानों में भाँय-भाँय होने लगती है। अफ़सोस गर्दन दबोच लेता है– यह तूने क्या किया? जानते-बूझते इतनी बड़ी भूल!

दीनू चौरसिया शिकारी कुत्तों की तरह कुकुर-खोजी अभियान में जुटा है।

इस अभियान में वह थोड़ा निराश हो गया था। इसलिए डॉक्टर से पूछा, "डाक् साब, कुत्ते पर नज़र रखने से होगा क्या?"

डॉक्टर चतुर्वेदी ने अपने लंबूतरे मुँह को थोड़ा और ढीला छोड़ कर कहा, "भय्या, देखना होगा कि कुत्ता ज़िन्दा है या नहीं।"

दीनू हँस पड़ा–"ऐसा है जी डाक् साब, कुत्ते ने मुझे काटा है, मैंने उसे नहीं काटा। फिर भी कुत्ता मरता है तो मरे। आप तो इंसानों के डॉक्टर हैं,

मेरी जान की फ़िक्र करें।''

इस बार टीएम चतुर्वेदी हँसे। उनका हँसना एक बड़ी घटना की तरह होता है। इसीलिए अस्पताल के कर्मचारी उन्हें टोंड मैन चतुर्वेदी कहते हैं। इस नामकरण के पीछे कर्मचारियों का तर्क है कि टीएम की हँसी किसी ने दूध से वसा की तरह निकाल ली है।

आमतौर पर हँसने का अभ्यस्त न होने के कारण टीएम हँसने और बोलने की दोनों क्रियाएँ एक साथ नहीं कर पाते। इसलिए सामान्य होने के बाद ही बोले, ''हो सकता है उसे किसी और ने काटा हो। और अगर वह मर गया तो तुम काटने लगोगे। इसलिए उस पर नज़र रखनी है।''

सुन्दर पान खाने दीनू की दुकान पर गया था और दीनू उसे डॉक्टर से वार्तालाप का क़िस्सा गुलकन्द में लपेट कर सुना रहा था, जैसे कुत्ते के काटने का क़िस्सा उसने सुनाया था, ''ऐसी लात जमाई साले के चूतड़ पै कि पन्द्रह मिनट रिरियाता रहा। वह तो ग़लती हो गयी, जो दोबारा लात ठोंकने चला गया। तभी साला झपट लिया।''

दीनू अब भी लगातार बकर-बकर कर रहा था। सुन्दर को इससे बड़ी कोफ़्त होने लगी। मन हुआ उसके मुँह में उसी का पान घुसेड़ कर बक-बक पर विराम लगा दे। हालाँकि सुन्दर जब अन्दर की आवाज़ें सुनने लगता है, बाहर से आने वाली ध्वनि तरंगें रास्ता बदल लेती हैं।

इसलिए सिर्फ़ और सिर्फ़ मुन्नी याद आ रही है। लगता है मुन्नी ने सिर के पीछे ड्रिल करके कोई बड़ा-सा छेद कर दिया है। जिससे खून रिस-रिस कर दीनू की दुकान के आगे बिखर गया है। अपना खून अपने ही पैरों के नीचे फैलता जा रहा है। इस भयानक अहसास को झुठलाने के लिए पैरों की तरफ़ देखना भर है। लेकिन भय इतना गहरा गया है कि वह पैरों की तरफ़ देखना भूल गया है।

आकाश बादलों से पटा पड़ा है। मुश्किल से कहीं कोई आसमानी टुकड़ा पैबन्द की तरह नज़र आता है। हलकी बूँदाबाँदी शुरू हो चुकी है। मिट्टी की सौंधी बास नथुनों में घुस रही है। फ्लैट के पश्चिमी हिस्से में स्थित पार्क में जामुन का पुराना पेड़, जो शायद बीस साल पहले आबाद हुए इस इलाके में काफी पहले से मौजूद रहा होगा, बारिश में नहा रहा है। बालकनी की रैलिंग पर बैठी गौरैया पंख फड़फड़ा कर पानी झाड़ रही है।

मुन्नी को बाल सुखाते हुए उसने कई बार इसी बालकनी में देखा था। उसे मुन्नी बहुत याद आ रही है। आज उसके चेहरे पर नुकीले दाँतों वाला मुखौटा नहीं

है। वह उजले-पारदर्शी लिबास में उसकी तरफ़ बढ़ रही है। उसकी सुडौल छातियाँ एक अजीब-सी लपक के साथ ऊपर की तरफ़ उछाल मार रही हैं। उसकी साँसों की गर्माहट सुन्दर को कनपटी के एकदम करीब महसूस हो रही है।

वह सिर झटक लेता है। मुन्नी को क्यों याद करना। उसे भुलाने के प्रयास में वह बचपन की स्मृतियों में चला जा रहा है, जब उमा के साथ बारिश में गोल-गोल घूमते हुए छींक आने तक भीगा करता था और माँ से पिटता था। उमा छोटी थी इसलिए उसे सिर्फ़ डाँट पड़ती थी। बचपन की इन स्मृतियों से, या कौन जाने मुन्नी की याद से, हूक सी उठती है। मन भारी-भारी हो जाता है।

मुन्नी फिर याद आने लगती है। मुन्नी डराने लगती है।

अगर कभी वह अस्पताल में हुआ और माँ को लेकर पिताजी दौड़े आये और सीधे डॉक्टर के पास गये...? पिताजी तो शायद कोई कुर्सी या बेंच ढूँढ़ेंगे ताकि लड़खड़ा कर गिर न जायें। गिरने से पिताजी हमेशा घबराते हैं। माँ कहती है, उन्होंने कभी किसी शादी-पार्टी में एक पेग--सिर्फ़ एक पेग भी– इसलिए नहीं लिया, क्योंकि उन्हें लगता था कहीं नशा हो गया और वे लड़खड़ा गये तो उनकी 'पूरन बाबू' की छवि एक पल में ध्वस्त हो जायेगी। अब वे, हालाँकि रिटायर हो गये हैं लेकिन अब भी पूरन बाबू हैं और गिरने से अब भी उसी तरह डरते हैं।

पहले वह सोचा करता था जिसका बाप इस क़दर डरपोक हो, उसके बेटे कोई जोखिम कैसे उठा सकते हैं, और ऐसा जोखिम तो हरगिज़ नहीं जिसमें रत्ती भर भी थुक्का-फ़ज़ीहत की आशंका हो। पर, इस वक़्त, वह कुछ सोच नहीं पा रहा। अगर कुछ सोच रहा है तो यही कि उसकी सारी इच्छाओं और कामनाओं के विरुद्ध यदि उसकी आशंका सच हुई तो पिताजी किसी कुर्सी या बेंच के सहारे भी क्या सन्तुलन बना पायेंगे! माँ का कलेजा फट आये तब भी शायद कहेंगे, वापस चलो।

एफएम पर गाना बज रहा है– 'वक़्त ने किया क्या हँसी सितम' और सुन्दर ज़ार-ज़ार रो रहा है। इस वक़्त ऐसा कोई हाथ वहाँ नहीं है जो उसका कन्धा थपथपा दे। अच्छा है जो नहीं है। होता तो वह हिचकियाँ भर-भर कर रोता और हलका होने के लिए दुख का साझा भी नहीं कर पाता।

यहाँ, आपसे क्षमा माँगते हुए मैं, इस कहानी का नॅरेटर, बीच में टपकने की इज़ाज़त चाहता हूँ– दाल-भात में मूसलचन्द की तरह। हालाँकि, मुझे पूरा यक़ीन है कि मेरा टपकना आपको अकारण नहीं लगेगा, क्योंकि कहानी का

नायक यहाँ तथ्यों को दबाने-छुपाने का भरसक प्रयास कर रहा है।

दरअसल, सुन्दर उस घटना को याद नहीं करना चाहता जिसे याद करने से हाथ-पैर फूलने लगते हैं, पेशानी पर पसीना चुहचुहा आता है। लेकिन आपके लिए वह सब तफ़सील से जानना ज़रूरी क्यों न हो!

तो क़िस्सा यूँ है—

सुन्दर के सामने वाले फ्लैट में गुप्ता रहता था। वह एक निहायत ही थुलथुल आदमी था जिसके आदमी होने के बावजूद मुहल्ले के लौंडे-लफंगे उसे गेंडा कहते थे। उसकी पत्नी को देख कर आपको किसी गाभिन भैंस की याद न आ जाये तो हाथ कलम कर लूँ। दोनों मुटल्ले बच्चों के फुट भर के मुँह चिपकी गर्दन पर मील के पत्थर की तरह सीमेंट से जोड़े गये लगते थे— जिनसे मासूमियत नदारद थी, जैसे किसी शरारती ने स्थान का नाम और दूरी मिटा दी हो और एक अबूझ लिपि शेष बच गयी हो।

ऐसे और इतने अनाकर्षक गुप्ता परिवार में किसी की कोई दिलचस्पी नहीं थी। सब्जी वाले भी उस तरफ़ सिर उठा कर तभी देखते थे जब मिसेज गुप्ता कम से कम तीन बार आवाज़ न दे ले। लेकिन अचानक एक दिन शोहदे उस घर के आस-पास मँडराने लगे।

ऐसे और इतने अनाकर्षक गुप्ता परिवार में अचानक उनकी दिलचस्पी बढ़ने का कारण आप कहीं यह न समझ लें कि मिसेज गुप्ता वन्दना लूथरा से अपनी कमर चौबीस और नितम्ब छत्तीस इंच करा लायी हो। कारण दूसरा था। एक दिन अचानक ही उस घर की बालकनी में दूधिया और छरहरी मुन्नी ने अँगड़ाई ली थी। लड़कों के लिए यह आश्चर्यचकित कर देने वाली घटना थी, जैसे सूफी गायन एकबारगी इंडी-पॉप में बदल गया हो। सुन्दर पड़ोसी था, इसलिए उसके लिए यह अविश्सनीय और सुखद, दोनों था।

पहली बार में ही, शायद यह सोच कर कि कई उम्मीदवार परेड करने लगे हैं, उसने बालों पर हाथ फेर कर निहायत ही हल्का-फुल्का और देसी अस्त्र चलाया। प्रत्युत्तर में मुन्नी ने बालों को झटक कर एक भरपूर अँगड़ाई ली। हड्डियों का तड़कना उसे सुनाई नहीं दिया पर वह यक़ीन करना चाहता था कि ऐसा कुछ निश्चित तौर पर हुआ होगा। उसे अपने अन्दर से तबले की थाप सुनाई दी—धा तिर किट, ता तिर किट...। और अन्दर ही अन्दर कथक भी शुरू हो गया।

बुल्स आई उसने पहले दिन ही भेद दी थी। लेकिन कुछ दिन चाँदमारी बदस्तूर जारी रही। फिर एक रोज़, जब मिसेज गुप्ता बच्चों को लेने स्कूल गयी थी,

सुन्दर ने इशारों-इशारों में मुन्नी से अपने फ्लैट में आने की दो टूक पेशकश कर डाली। वह बग़ैर किसी औपचारिक ना-नुकर के दरवाज़े के बाहर थी। सुन्दर ने इस सांकेतिक अभिव्यक्ति के साथ कि लोग देख लेंगे, हड़बड़ा कर मुन्नी को अन्दर खींच लिया। मुन्नी ऐसे खिंची और उस पर गिरी, गोया सन्तुलन बनाने की सुप्रीम कोर्ट से मनाही हो।

मुन्नी शेरनी की तरह ताक़तवर होती चली जा रही थी। सुन्दर घबराया, "तुम्हारी मौसी न आ जायें।"

"अभी नहीं आयेंगी।"

"आ गयीं तो?"

"आ जाने दो।"

"पहली बार में ही पकड़े जाने से फायदा?... कोई और मौक़ा देखेंगे।"

"डरपोक।"

मुन्नी ने अपने हाथों की पकड़ ढीली कर दी।

अगली सुबह दरवाज़े पर ताला लगाते हुए वह चौंक पड़ा। दरवाज़े के ठीक बगल में, दीवार पर चौक से 'डरपोक' लिखा था। उसने 'डरपोक' को सहलाते हुए धीरे से मिटा दिया। पर बरसात-सी उमस अन्दर भरती चली गयी, जिसने बेचैनी बढ़ा दी।

शाम को बालकनी में खड़ी मुन्नी उसे देखते ही खनक कर हँसी। कूतने का प्रयत्न किये बिना भी सतह पर तैरता 'धिक्कार भाव' सहज ही पकड़ में आ रहा था।

सुन्दर के रक्षात्मक रुख से मुन्नी आक्रामक होती जा रही थी। जैसे, इस खेल में उसे मज़ा आने लगा हो। वह बार-बार इशारों में पूछती—'आ जाऊँ?'

वह जानता था कि मुन्नी सरेआम नहीं आ सकती, फिर भी उसकी चुनौती पर वह खिसिया जाता। लगातार मिल रही यह चुनौती हलक में अटक गयी थी। आख़िर मर्दानगी ने म्यान से तलवार खींच ली—"हिम्मत है तो आ!"

यह कहते हुए अन्दर से कहीं पूरा यक़ीन भी था कि मुन्नी मदारी की तरह यूँ ही नचा रही है और वह ख़ुद भी सिर्फ़ घुड़की दे रहा है। किन्तु तभी घंटी की 'डिंग-डाँग' से धमनियों में राजधानी एक्सप्रेस धड़धड़ाने लगी। दरवाज़े के बाहर से ही मुन्नी इस तरह हँसी जैसे स्टील की तश्तरी गिरी हो। वह मुन्नी के मुँह पर हाथ रख देना चाहता था। लेकिन जाली के दरवाज़े की कुंडी खोलते हुए हाथ ठिठक गये। मुन्नी ताड़ गयी—"डरो मत, मौसी जी और मौसा जी शादी में गये है।"

अन्दर घुसते ही मुन्नी और ज़्यादा आक्रामक हो गयी– होती चली गयी। आक्टॅपस की तरह उसने अपने हाथ-पैर सुन्दर के हाथ-पैरों में फँसा दिये और सिर उसके सीने में .घोंप दिया।

हवा गुम थी। फिर भी जामुन का पेड़ ज़ोर-ज़ोर से थरथराने लगा। दरवाज़े-खिड़कियाँ बन्द होने के बावजूद थर्राहट कमरे में घुस आयी और मेज पर रखे अख़बार फड़फड़ाने लगे। थर्राहट ने कमरे में बवंडर मचा दिया। वह बवंडर अचानक टॉर्नेडो में तब्दील हो गया और छत फटने को हो आयी। लगा वे दोनों उड़ जायेंगे।

आज सर्दी-जुकाम, बुख़ार, खाँसी, कुछ भी नहीं है लेकिन पेशाब में जलन है। कई बार पेशाब फिर आया। छक कर पानी पिया। लेकिन जलन जस की तस। समझ नहीं आता माजरा क्या है!

वह बाथरूम की तरफ़ बढ़ने लगा है और इतना सचेत है कि बन्द फ्लैट में, जिसमें उसके सिवा कोई नहीं रहता, बीच-बीच में सशंकित निगाहों से इधर-उधर देख लेता है। जब कोई नहीं है तो बाथरूम खुला भी छोड़ सकता था लेकिन वह चिटकनी लगा लेता है।

यहाँ, आप समझ गये होंगे कि कुछ ऐसा है जो वह साझा नहीं करना चाहता। दख़लंदाज़ी ज़रूरी है। मैं देखता हूँ–

हाँ, सुन्दर ने पैंट उतार दी। अंडरवियर का इलास्टिक खींच कर छोड़ दिया है। फिर कुछ क्षण सोच कर, अंडरवियर सरका कर घुटनों तक पहुँचा दिया। अब उसे बाथरूम में एक आदमकद शीशे की कमी अखर रही है।

उसने बिना शीशे के ही 'अंग परीक्षण' शुरू कर दिया। वैसे ख़त देख कर मज़मून भाँपने की इस क़वायद को असल में 'अंग निरीक्षण' कहना उचित होगा। बहरहाल, निरीक्षण के लिए उसने गर्दन टाँगों की तरफ़ झुका दी है और आँखें चूँकि ठोड़ी पर नहीं हैं, मुंडी को कुछ ज़्यादा ही झुका कर और गर्दन को ज़रूरत से अधिक खींच कर टाँगों के बीच ले गया है। पूरे इत्मीनान से मुआइना करता है। कहीं कोई फोड़ा, गाँठ, सूजन, मवाद-शवाद कुछ नहीं है।

दीनू चौरसिया दुकान पर ताला ठोक कर कुत्ते की खोज में निकला है। गली -कूचों और कूड़ा घरों में झाँकते हुए वह अपनी क़िस्मत को कोस रहा है।

ऐसा नहीं है कि सुन्दर मुन्नी को सिर्फ़ कोसता रहता हो। कभी-कभी वह मुन्नी की तरफ़ से भी सोचता है। उस वक़्त वह ज़्यादा मानवीय और

निष्पक्ष हो जाता है। मसलन, कौन जाने, मुन्नी की आक्रामकता और सप्रयास समर्पण का उसके चरित्र से कोई सम्बन्ध न हो। सामने वाले को पीछे हटता देख आदमी कई बार आक्रामक रुख़ अख़्तियार कर लेता है। उस वक़्त उसे आगे बढ़ने के खतरे पता नहीं चलते। हो सकता है उसी के हाव-भाव में कोई ऐसा आकर्षक झाँसा हो जिसमें मुन्नी आख़िरकार आ गयी हो।

वह मुन्नी को अपनी तरफ़ से दोष-मुक्त करने के हक़ में न होते हुए भी जब-जब उसकी तरफ़ से सोचता है तो घबरा जाता है। कहीं वह निर्दोष साबित न हो जाये! तब वह भरसक कोशिश करता है कि मन के किसी कोने में यह अहसास स्थायी-भाव की तरह घर न करने पाये। ऐसा सोचने के पीछे मुन्नी से यह शिकायत हो सकती है कि आख़िर वह इतनी कठोर क्यों हो गयी है। डराती क्यों है? इसलिए अन्दर से बचाव पक्ष का वकील ज्यों ही मुन्नी का मुकदमा लड़ने खड़ा होता है, उसी तत्परता से अभियोजन पक्ष का वकील तर्कों को काटने के लिए रीढ़ सीधी कर लेता है।

—मुन्नी निर्दोष है तो डराती क्यों है?

—क्योंकि आपने उसे एक झटके में चरित्रहीन करार दिया। उसने क्या सिर्फ़ हाड़-मांस की देह का समर्पण किया? और आपको ही क्यों किया, आपने कभी सोचा?

—उसकी ज़रूरत रही होगी।

—आपके इसी सोच ने उसे लहूलुहान किया।

—कौन जाने उसने सिर्फ़ और सिर्फ़ मुझे नहीं बल्कि मुझ जैसे जाने कितने—शायद अनगिनत—लोगों के सामने यही किया हो।

—यह तुम्हारा अनुमान ही तो है। कोई प्रमाण?

बिना दिमाग़ पर जोर दिये भी उसे याद है— अगली ही मुलाकात में उसने मुन्नी के अप्रत्याशित समर्पण पर सवाल खड़े कर दिये थे। यह जानते हुए कि अगर वह सब उस दिन इतना सहज न हुआ होता तो उसे क़तई अच्छा न लगा होता। उस दिन उसका पोर-पोर विजयी सैनिक की तरह ठहाके लगा रहा था। अब तक विवाह न करना पहली बार सार्थक जान पड़ा था।

पर दिमाग़ में कीड़ा कुलबुलाता रहा, टिप्पणी करता रहा—'चालू आयटम लगती है भाई'। इसीलिए उसने शंका का समाधान चाहा—"कोई स्त्री इतनी उतावली कैसे हो सकती है? सच-सच बताना इससे पहले कितने...?"

मुन्नी गऊ से साँड़ हो गयी। उसने झाड़ू की तरह मेज पर हाथ फेर कर सारा सामान जमीन पर बिखेर दिया और फुँफकार कर बोली, "आठ, दस,

बारह, पन्द्रह अनगिनत...बस?''

उस दिन के बाद मुन्नी बालकनी में कभी नहीं दिखायी दी। उसने फिर अँगड़ाई नहीं ली। कभी बाल नहीं सुखाये।

यहाँ मेरी उपस्थिति मुझे फिर अनिवार्य लगती है, क्योंकि सुन्दर घटना का सिलसिलेवार ब्योरा नहीं देने वाला।

हुआ यूँ–

गुप्ता काम पर जा चुका था और मिसेज गुप्ता दवाई लेने निकली थी। यह संयोग ही था कि मुन्नी दरवाज़ा बन्द करने उठी और सुन्दर ने दरवाज़ा खोला। मुन्नी पर नज़र पड़ते ही वह चौंक कर रह गया। वह लगभग घिसटती हुई दरवाज़े तक आयी थी। उसका दूधिया और छरहरा बदन बहुत कमज़ोर और बदरंग हो गया था। नकारात्मक सोच ने सुन्दर पर हमला बोल दिया– कोई एकाएक इतना कमज़ोर कैसे हो सकता है? आख़िर क्या हुआ है मुन्नी को!

उसने लपक कर आगे बढ़ते हुए पूछा, ''मुन्नी, तुम इतनी कमज़ोर कैसे हो गयी?''

''मरने दो मुझे।''–मुन्नी ने तल्ख़ी में कहा। सुन्दर खीज कर और एक हद तक चीख कर बोला, ''तुम्हें हुआ क्या है? कोई मुसीबत तो मोल नहीं ले चुकी हो? उन्हीं से...वो अनगिनत?''

मुन्नी फिर भी चुप रही और मजबूती से दरवाज़ा थाम लिया। सुन्दर असहाय-सा तक़रीबन फट पड़ा, ''तुमने मुझे बेमौत मरवा दिया।''

मुन्नी ने जाली का दरवाज़ा खींच कर बन्द किया और लकड़ी के दरवाज़े को पूरी ताकत से पटक दिया। अन्दर से उसके सिसकने की आवाज़ हवा में बहुत देर तक घुलती और उसे बोझिल बनाती रही।

सुन्दर कई दिन तक मुन्नी की टोह लेने का प्रयास करता रहा। लेकिन उसे हवा नहीं लगी। मुन्नी को जैसे ज़मीन निगल गयी थी। सुन्दर अन्दर ही अन्दर छटपटाने लगा। उसकी बेचैनी दिन-ब-दिन बढ़ती जा रही थी। किसी अनिष्ट की आशंका से वह दहल जाता। आख़िर उसने तय कर लिया कि किसी न किसी तरह पता लगाना होगा। भले इसके लिए गुप्ता दम्पति की मौजूदगी में उनके घर ही क्यों न जाना पड़े।

पर शाम को दफ़्तर से लौटते हुए वह सकते में रह गया। जो कुछ उसने देखा वह अकल्पनीय था। गुप्ता का फ्लैट खुला था। फर्श पर कूड़ा-कचरा बिखरा था। एक युवक दो लोगों से फ्लैट की सफाई करवा रहा था। सुन्दर को उसी युवक से पता चला कि गुप्ता जी किसी सोसायटी में चले गये। ये

फ्लैट उन्होंने उस युवक के चाचा को बेच दिया है। गुप्ता परिवार के बारे में इससे ज़्यादा जानकारी उसे नहीं थी।

यह रहस्योद्‌घाटन तो सुन्दर के सामने कई दिन बाद हुआ कि मुन्नी गुप्ता परिवार के फ्लैट बेचने से हफ़्ता भर पहले ही चली गयी थी। वह कहाँ गयी, क्यों गयी यह मुहल्ले में कोई नहीं जानता था।

कहीं ऐसा तो नहीं मुन्नी की हालत ज़्यादा खराब हो गयी हो और मौसा-मौसी ने उसे घर वापस भेज दिया हो। क्या इस बीच डॉक्टर के पास गयी होगी? उन्होंने क्या बताया होगा?

सुन्दर के हाथ-पैर ठंडे पड़ने लगे। रक्तचाप गिरने लगा। हथेलियों को अपने गालों पर रखने से जब रत्ती भर भी गर्माहट का अहसास नहीं हुआ तो वह अपनी हालत से चिन्तित होने लगा।

ऐसा नहीं कि वह भय से पीछा छुड़ाने की कोशिश नहीं करता। वह लगातार उसकी उपेक्षा करता है। उससे नज़रें चुराता है। पर वह उतना ही ढीठ है। बिना इज़ाज़त घर में टहलने लगता है। घर के बाहर चौकीदार के साथ पहरा देता है। दफ़्तर में चालीस पार की औरतों के पर्स में रखी पत्रिकाओं में से झाँकने लगता है। नाई की दुकान पर उस्तरा दिखाता है। तिलक ब्रिज के नीचे हिजड़ों के साथ नृत्य करता है। मिंटो रोड पर नशेड़ियों के साथ ऊँघता है। बस स्टॉप से थोड़ा हट कर खड़ी गश्तियों की दोनों टाँगों के बीच सोया रहता है और सपने में बेलगाम होकर दौड़ता है।

कहीं इस भय का सम्बन्ध रात के सपने से तो नहीं है! इसका स्रोत क्या है? आता कहाँ से है?

सुन्दर को रात का सपना याद आने लगता है। बड़ा ही अजीबोग़रीब है। सपने में कोई हाट लगती है। हाट में बड़ी-बड़ी मूँछों वाले साफ़ाधारी पठान, जिनके चेहरे बिल्कुल एक जैसे हैं, दुकानें सजाये बैठे हैं। ज़मीन पर बिछी चटाइयों पर कुछ शीशियाँ-बोतलें सजी हैं। साथ में कुछ बेडौल-सी हड्डियाँ और जड़ी-बूटियाँ रखी हैं। दुकान के ऊपर गुब्बारों की झालर टँगी है। गुब्बारों की खासियत यह है कि चूचुक की तरह उनके अग्रभाग में फुनगियाँ निकली हैं।

अचानक हाट का विस्तार होने लगता है। वह क्षितिज तक फैल जाता है। तभी वह राक्षस में तब्दील होने लगता है और घोषणा करता है— मैं हाट हूँ। मैं सूक्ष्म हूँ और विराट हूँ। मैं शैतान हूँ पर तुम्हारा भगवान हूँ। मैं सर्वशक्तिमान हूँ। मेरी शरण में ही तुम्हारी मुक्ति है। तुम्हें मेरा हुक्का भरना होगा। मेरे इशारों पर नाचना होगा।

सुन्दर चारों तरफ़ नज़र दौड़ाता है पर उद्घोषक कहीं दिखाई नहीं देता। आवाज़ फिर बुलन्द होती है– ''चूहो, ये जो गुब्बारे हैं, तुम्हारे ही खेलने के लिए हैं। इन्हें घर ले जाओ और निर्भय होकर चुहियों के साथ खेलो। जो मेरे दिये गुब्बारों से नहीं खेलता उनका हश्र देख लो। उधर देखो, पश्चिम की तरफ़।'

सुन्दर पश्चिम की ओर नज़र उठाता है। वहाँ कीड़े-मकोड़ों की तरह लग रहे कंकालनुमा स्त्री-पुरुष पठानों को अपने कपड़े उतार-उतार कर दे रहे हैं। बदले में उनसे हड्डियाँ और जड़ें लेकर बेतहासा भकोस रहे हैं और आँसू भी बहाते जा रहे हैं।

यह सब देख कर सुन्दर पसीने से नहा जाता है और घबराहट में नींद टूट जाती है। हाट का यह सपना कुछ-कुछ अन्तराल से उसे हमेशा दिखाई देता है। पता नहीं क्यों। भय अन्दर दुबका है, इसलिए सपना आता है या सपना आता है, इसलिए वह भयग्रस्त रहता है! बड़ी ही उलझी हुई गुत्थी है।

सुन्दर के सामने वाले बन्द फ्लैट में कोई सभ्य और सलीकेदार परिवार आया है। कल ट्रक से उनका सामान उतरा था और मजदूरों ने घर में ठूँस दिया था। देर रात तक घर के लोग सामान ठीक करते रहे।

परिवार का मुखिया एक अधपके बालों वाला दुबला-पतला और गेहुँए रंग का व्यक्ति है जो शक्ल-सूरत से अध्यापक या उसी प्रजाति का बुद्धिजीवी लगता है। उसकी पत्नी शायद उसके साथ रहने के कारण ही बहुत धीरे बोलती है। परिवार में दो लड़कियाँ हैं। छोटी बीस-इक्कीस साल की और बड़ी बाईस-तेईस की। बड़ी नज़र का चश्मा पहनती है और ऐसा लगता है उसके व्यक्तित्व की सारी गरिमा उस चश्मे के कारण ही है। छोटी आकर्षक है पर नकचड़ी है। चश्मिश से उसका कोई मुक़ाबला नहीं है। कल रात चश्मिश से सुन्दर की पहली मुठभेड़ सीढ़ियों पर हुई थी। वह मुस्करा दी थी। सुन्दर ने देखा चाँद की रोशनी अचानक बढ़ गयी है। चाँदनी कुछ ज़्यादा ही शीतल हो गयी है। वह बहुत देर तक पार्क में घूमता रहा।

आज रविवार का दिन है। सूरज रोज़ की तरह पूरब से निकला है। फिर भी जाने क्यों दिन कुछ अलग-सा लगता है। जैसे, पृथ्वी के परिक्रमा पथ से भटक जाने के कारण सूरज जाने कब से पश्चिम से निकल रहा हो और आज अचानक फिर पूरब से निकला हो।

हलका व्यायाम करने के बाद सुन्दर एक सेब और दो केले खा चुका है। कुछ देर बाद ऑमलेट बनाने की तैयारी है। भूख बहुत दिनों बाद खुली है।

वह पता नहीं क्यों बालकनी में चक्कर काटने लगता है। लौट कर अपने आपको शीशे में देखता है। फिर बाहर जाता है और फिर से अन्दर आकर बाल सँवारता है और होंठ तान कर दाँतों की चमक देखने लगता है।

पिछली बातों पर सुन्दर को आज बड़ी कोफ़्त हो रही है। यह बेवकूफी नहीं तो और क्या है कि 'भेड़िया आया, भेड़िया आया' की तर्ज पर वह खुद को डरा रहा है। यह जानते हुए कि भेड़िया तो कछुए की चाल में चलने के लिए अभिशप्त है और उसे आना भी हुआ तो, अभी वह हजारों मील दूर है। उस तक पहुँचने में उसे वर्षों लगेंगे। अभी तो शायद वह आसमान की तरफ़ मुँह उठा कर रो रहा होगा। रवानगी से पहले वह शायद इसलिए रो रहा होगा क्योंकि उसे कछुए की चाल में हजारों मील चलना है।

यह कम मूर्खता है कि जिस भेड़िए ने अभी कूच भी न किया हो उसकी खरोंच के निशान वह अपने शरीर में ढूँढ़ रहा है। यह भी तो सम्भव है कि भेड़िए ने कहीं और का रुख़ किया हो। वह यहाँ आने वाला ही न हो। तब क्यों वह दहशत में है?

दीनू चौरसिया को कटखना कुत्ता मिल गया है। मन से भारी बोझ उतर गया। आज वह तरोताज़ा है, जैसे रात में ईसबगोल की भूसी खाकर सुबह शौच से लौटा हो। खुशी उसकी बक-बक से साफ झलक रही है। वह लगातार फेंक रहा है और थोड़ी-थोड़ी देर में एक नया ग्राहक लपेटने पहुँच जाता है।

सुबह है, इसलिए कोई सपना नहीं है। सपने में हाट नहीं है। मुन्नी नहीं है। मानो, कभी नहीं थी। भेड़िया और उसके बीच का फसला प्रकाश वर्ष में बदल गया है।

सुन्दर गर्दन झटक कर जैसे सिर से कोई बोझ उतार फेंकता है।

हलकी सर्दी शुरू हो गयी है और धूप अच्छी लग रही है। चश्मिश बालकनी में आ गयी है। सुन्दर को देख कर मुस्कराती है और जामुन के पेड़ की तरफ़ देखने लगती है, जिसकी पत्तियों से छन कर सूरज की किरणें बालकनी में पड़ रही हैं। सुन्दर भरपूर अँगड़ाई लेता है और बहुत दिनों से ज़ंग खाई हड्डियों का खुलना सुनता है। जामुन के पेड़ से बह रही हवा में, चश्मिश के बीच में आने से, एक अजीब-सी मादकता भर गयी है। वह काफ़ी हल्का होता जा रहा है। वह पेड़ के पीछे से उग रहे सूरज की तरफ़ देखते हुए बुदबुदाता है– कितना खूबसूरत है यह नज़ारा और इससे ज़्यादा खूबसूरत है चश्मिश।

अंजन बाबू हँसते क्यों हैं

अंजन बाबू नहाते-नहाते खिलखिलाने लगते हैं। इतनी जोर से कि बाहर वॉश-बेसिन पर झुककर कुल्ला कर रही पत्नी के कान चौकन्ने हो जाते हैं। वह 'कुल-कुल, कुल-कुल 'पुच्च' करने को होती है, किन्तु एकाएक रुक जाती है। मुँह का पानी धीरे से थूकती है, ताकि सुन सके। फिर पंजों के बल आगे बढ़ती है– बमुश्किल दो कदम। स्नान घर के दरवाज़े पर कान टिकाती है। अन्दर 'खिल-खिल' जारी है। जैसे कोई 'उन्हें' गुदगुदा रहा हो। वह हलकी-बक्की। क्या कोई चुटकुला याद आया होगा? या फिर 'पुर्जा' तो नहीं खिसका...।

आख़िर अंजन बाबू इस क़दर हँसते क्यों हैं?

तंगी और आर्थिक दबावों में अंजन बाबू की हँसी कब की फुर्र हो चुकी थी। अभी हाल तक उनकी तस्वीर कुछ इस तरह थी– दुबली काया पर फ्यूज बल्ब की तरह लटका चेहरा। पपड़ियाये होंठ। मिट्टी पड़ी-सी आँखें। माथे पर बल। कमर से सरकती पतलून।

घर आते तो कुछ रुटीन वार्तालाप। सूचनाओं का आदान-प्रदान। फिर पढ़ने की मेज पर झुक जाते। नमक, मिर्च, तेल, मसाले, पसन्द-नापसन्द, किसी बात को लेकर न कोई टिप्पणी, न नाक-भौंह सिकोड़ना। खाना तैयार होता तो पत्नी के बुलावे पर रस्सी से बँधे मवेशी की तरह पहुँच जाते। चार पैसे की आमदनी बढ़ाने को, कहीं से कोई काम ले आते और मेज पर गर्दन दिये रहते।

गर्दन अब भी दिये रहते हैं। पर, इधर कुछ दिनों से खुश-खुश से रहने लगे हैं। यदा-कदा बत्तीसी भी दिखा देते हैं। किन्तु आज तो हद हो गयी। स्नान घर में खिलखिला रहे थे। जीवन में ऐसा कोई परिवर्तन तो आया नहीं। खुशी हरामज़ादी लुटने को लुच्चों के पास जाने में तो संकोच न करे, लेकिन अंजन बाबू से दो गज की दूरी। घर में ऐसा कुछ नहीं बदला। वही मासूम-सी बच्ची है, वही सुन्दर, सुशील पत्नी– गुलदस्ते में सजे गुलाब-सी। अंजन बाबू की नज़र टिक गयी तो टिकी, नहीं तो नहीं। क्या करें, फुर्सत तो हो। हरदम

चिन्ताएँ, हर कदम जिम्मेदारियाँ। उम्र तैंतीस, वजन पचपन और कन्धों पर बोझ कई मन, कई टन।

तो फिर इस बदरंग जीवन को अंजन बाबू ने अचानक कौन से प्रिज्म से देखना शुरू कर दिया कि सतरंगी नज़र आने लगा?

अंजन बाबू उँगलियों से फिटर-फिटर बालों का पानी छिटकते हैं। कमीज पहनने को होते हैं तो पत्नी पूछती है, "कैसे हँसी आ रही थी?"

"ऐसे ही।" —वह मुस्कुरा देते हैं। पत्नी फिर कुरेदती है, "ऐसे ही?"

"कुछ याद आ गया था।"

"कुछ क्या?"

"शाम को बताऊँगा। दफ़्तर के लिए पहले ही देर हो चुकी है। झटपट नाश्ता दो और खाना बाँधो।"

आख़िर, आजकल अंजन बाबू बात-बात पर हँसते क्यों हैं? अंजन बाबू हँसते क्यों हैं, यह सवाल दफ़्तर के लोगों को ज़्यादा मथता-कचोटता है। दफ़्तर वाले ज़्यादा निकट हैं तो ईर्ष्या स्वाभाविक है। हालाँकि अंजन बाबू की हालत दफ़्तर वालों से छिपी नहीं है। उन्हीं साथियों के आगे महीने की दस तारीख़ के बाद वे उधार के लिए हाथ पसारते हैं। उन्हीं को दुखड़े सुनाते हैं। फिर भी एक निहायत मरियल, फक्कड़ और दो टके के नौकरीपेशा आदमी से ईर्ष्या? और ईर्ष्या का कारण— कि आख़िर यह अंजन का बच्चा आजकल ठट्ठा मारकर हँसता क्यों है?

"बधाई हो, शीलाजी।" अंजन बाबू दफ़्तर पहुँचते ही शीला शुक्ला को बधाई देते हैं। शीलाजी गद्गद। साथी अंजन बाबू को घेर लेते हैं। इन्दु भूषण पांडे पूछते हैं, "अंजन बाबू, शीलाजी का नाम भी है?"

"है का मतलब?'' —अंजन बाबू शरारती मुस्कान बिखेरकर कहते हैं, "अरे भाई, इस बार वह पहले नम्बर पर हैं। यक़ीन न हो तो चन्दर साहब से पूछ लो।"

चन्द्र प्रकाश बड़े साहब के निजी सचिव हैं। लोग उन्हें भी साहबों-सा सम्मान देते हैं और प्रायः उनसे किसी तरह की पूछताछ का साहस नहीं जुटा पाते।

अंजन बाबू की बात पर आधे लोग मुस्कुराने लगते हैं। बाकी चिन्तित और परेशान। कहीं सचमुच शुक्लाइन बाजी न मार ले गयी हो।

शीलाजी की खुशी सतह पर आये बुलबुले की तरह फट जाना चाहती है। अंजन बाबू की ओर झुककर पूछती हैं, "सच-सच बताना, मेरा नाम है?"

"देखिये, आप विश्वास नहीं करेंगी तो मैं 'नहीं' कह दूँगा।"

"नहीं, ऐसा मत कहियेगा।" उनका गिरगिटी चेहरा बदरंग हो जाता है। ऐसा भय कि जैसे फैसला अंजन बाबू की कलम से होता हो।

कुछ दूर स्टूल पर बैठा चपरासी वार्तालाप सुनने का प्रयत्न कर रहा है। ध्वनि तरंगें उसके कानों के पर्दों को छू नहीं पा रहीं। वह अपनी गिद्ध दृष्टि से हिलते होंठों का अर्थ ढूँढ़ने का प्रयास कर रहा है। अचानक जोश में आकर वह सीटी मार देता है–वय वये...!

अंजन बाबू पांडे की ओर गर्दन घुमाकर 'जॉनी वॉकर' छाप अदा के साथ देखते हैं। इस अदा की विशेषता यह है कि दोनों आँखें अधमुंदी हो जाती हैं। इसके बाद आँख दबाकर संकेत करने की आवश्यकता नहीं रह जाती।

पांडेजी फौरन संकेत पकड़ लेते हैं, जैसे उनका टीवी पड़ोस में चल रही केबल टीवी की फिल्म पकड़ लेता है। कहते हैं, "चलिए, बधाई हो, शीलाजी। मुझे बहुत खुशी है।"

शीलाजी के होंठों पर विजयी मुस्कान फैल जाती है। वह विजय वर्मा की ओर तीर चला देती हैं, "लेकिन कुछ लोगों के सीने पर साँप लोट रहे होंगे।"

"लोटने दीजिए, शीलाजी", पांडेजी आगे कहते हैं, "पर हाँ, थोड़ा सावधान रहियेगा। पिछली बार ख़बर उड़ते ही आपके विरोधियों ने बना-बनाया काम बिगाड़ दिया था।"

लोग मुँह छिपाकर हँसने लगते हैं।

अंजन बाबू जब से नौकरी के लिए शहर आये, गाँव में दो बहनें ताड़ की तरह बढ़ती हुई एक साथ दरवाज़े की चौखट को छूने लगीं। न उन्होंने बहनों के बढ़ने-गदराने का क्रम देखा, न पिताजी के मुरझाने का। बस छुट्टी पर गाँव गये, तो देखा बहुत कुछ बदल गया है– जैसे अचानक।

पिता रिटायर हो चुके थे। फंड वगैरह की सारी रक़म बड़ी बेटी और अंजन बाबू की शादी में पहले ही झोंक दी। अब ठन-ठन गोपाल। शरीर की सारी क़ुव्वत बुढ़ापे ने चूस ली। आँखों की ज्योति भी दग़ा दे गयी। चश्मा लगाकर भी धुँधला ही दिखाई देता है। इसके बावजूद दो ट्यूशन कर रहे हैं। मुँहज़बानी सवाल हल करा देते हैं। जीवनभर की मास्टरी में इतना अनुभव भी न होगा? यह बात और है कि उनके निजी जीवन में दो सवालों का हल नहीं निकल रहा– बेला और मिट्टू का ब्याह कैसे होगा, इसका कोई उत्तर उनके पास नहीं है।

आँखों से असहाय होकर भी बेटे पर कम से कम बोझ डालना चाहते हैं। ज़्यादा कमा नहीं सकते तो ख़र्चे ही समेट लिए। घर की हालत देखकर अंजन बाबू दंग रह गये थे। हर कोने-चप्पे में कंगाली के पैरों की छाप नज़र आ रही थी। जैसे उनकी अनुपस्थिति में कमज़ोर बाप और जवान लड़कियों को अकेला देखकर कंगाली उस घर को रौंद गयी हो, राशन-पानी खा गयी हो और लत्ते-कपड़े तार-तार कर गयी हो।

उनके पीछे, घर में कंगाली का 'कथकली' होता है, यह समझते अंजन बाबू को देर नहीं लगी। उन्होंने तय कर लिया कि जैसे भी हो, गाँव को सौ रुपए माहवार ज़्यादा भेजने होंगे।

गाँव से लौटकर आये तो मेज पर गर्दन और अधिक झुक गयी। हालाँकि, इसके बावजूद अभी पचास रुपये भी बढ़ाकर नहीं भेज पाये हैं। पता नहीं, क्या होता है, वेतन मिलने के हफ़्ते दिन में ही नोट जाने कहाँ चले जाते हैं। जेब निगल जाती है कि पंख लग जाते हैं?

गणित के मास्टर तो अंजन बाबू के पिताजी थे। पर हिसाब-किताब लगाते रहना अंजन बाबू की नियति बन गयी है। मसलन, सौ रुपये की आमदनी बढ़ी तो पचास इस मद में, पचास उस मद में। दो सौ की वेतन बढ़ोतरी हो जाये तो सौ का ये, पचास का वो और पचास का वो। तीन-चार सौ एकमुश्त बढ़ गये, फिर तो...आये हाये, मज़ा आ जाये। सौ रुपये गाँव भेजूँ...और बाकी रक़म से सारा स्वर्ग ख़रीदकर घर ले जाऊँ।...और फिर चैन की बाँसुरी बजाऊँ– हरि प्रसाद चौरसिया की तरह।

लेकिन सालाना बढ़ोतरी से पहले ही बेटी के स्कूल की फीस, दूध, सब्जी, राशन-पानी और तेल-चीनी के दाम बढ़ जाते हैं। कितना ही बजट बना लो, कितने ही गणितज्ञ हो जाओ, बाज़ार की आँधी सब चौपट कर देती है। जेब में मन्दी, बाज़ार में उछाला।

गणित कोई जादूगरी तो है नहीं। वह तो सिर्फ़ दो और दो चार होने का सत्य बताता है, दो के चार बनाना नहीं। इसीलिए कभी-कभी यह हिताब-किताब अंजन बाबू को मिथ्या और छलावा लगता है। खर्चों का जोड़-बाक़ी करने से जेब की रक़म तो बढ़ती नहीं।

लेकिन फिर भी वे जोड़-बाक़ी करते हैं। किये बिना भी मन नहीं मानता। कभी यह विचार भी आता है कि पिताजी गणित के मास्टर थे, उनके गुण-सूत्रों के जरिये आनुवंशिक गुण-दुर्गुण की तरह यह हिसाब-किताब उनके खून में तो नहीं आ गया? फिर अपनी मूर्खता पर ख़ुद ही झल्ला पड़ते हैं– धत तेरी,

अधपढ़ अंजन की ऐसी-तैसी।

पदोन्नति पर अंजन बाबू की बड़ी उम्मीदें टिकी हैं। हालाँकि अपनी वरिष्ठता के कारण ऊपर वाले पद के वेतनमान पर वे पहले ही पहुँच चुके हैं। इसलिए ज़्यादा कुछ मिलना-मिलाना नहीं है। सिर्फ़ डेढ़ सौ रुपये का इज़ाफ़ा होगा। लेकिन जिसके लिए एक-एक पाई की घट-बढ़ मायने रखती हो, जिसके लिए टूटा प्लास्टिक, फूटा काँच और पिचका टिन बेचकर महीने में दो-चार रुपये बना लेना मायने रखता हो, उसके लिए डेढ़ सौ के बहुत मायने होते हैं। पर इस नामुराद इज़ाफ़े का इन्तज़ार करने की कोई सीमा तो हो!

अभी कुछ दिन पुरानी बात है। तीन-चार साल पहले नौकरी पर आये कुलानन्द को पांडे ने फुसला दिया। कहा, "गुरु, मुबारक हो, तुम्हारा भी हो रहा है।"

कुलानन्द को एकाएक विश्वास नहीं हुआ। वर्मा ने तुरन्त पुष्टि कर दी, "सचमुच तेरा हो रहा है। अब पता नहीं, कैसे हो रहा है, लेकिन तेरा भी नाम है।"

कुलानन्द सक्रिय हो गया। पदोन्नति के दूसरे दावेदारों के बारे में अधिकारियों को बताने लगा कि कौन 'पार्ट टाइम' काम में कितना व्यस्त है, कौन कितना बदजबान है और क्या-क्या बकझक करता है। लेकिन इस सबसे भी वह एक दिन ऊब गया।

अंजन बाबू से कहने लगा, "यार हद है, बहुत उल्लू बना रखा है। कई बार सुन चुके कि अब हो रहा है, तब हो रहा है। होता-हवाता कुछ नहीं। मैं तो ऊब गया।"

अंजन बाबू का मुँह खुला का खुला रह गया। लेकिन अगले ही क्षण वह मुस्कुराने लगे। बोले, "होने ही वाला है। शीलाजी के मामले में किसी ने टंगड़ी मार दी थी। इसीलिए मामला लटक गया था। अब नये सिरे से हो रहा है। तुम्हारा नाम भी है।"

शीलाजी सुन रही थीं। उन्हें सुनाने के लिए ही अंजन बाबू ने उनका नाम घसीटा। वह बड़बड़ायीं, "लोग तो बहुत चाहते थे कि मेरा न हो। पर ऊपर वाला सब देखता है।"

'लोग' हँसने लगे। अंजन बाबू भी 'फी-फी' कर हँस दिये।

पता नहीं, सबसे पहले अफ़वाह किसने उड़ायी। हो सकता है, किसी यी साजिश हो। या किसी ने अपनी दावेदारी पुख़्ता करने के लिए ख़ुद ही अपना नाम उछलवाया हो। या फिर शायद इन्तज़ार और अटकलबाजियों की

परिणति हो। पर वातावरण ऐसा बन गया है कि कुलानन्द सहित हर कोई पदोन्नति की मृग मरीचिका का पीछा कर रहा है। और दूसरों को रेगिस्तान में प्यासे हिरन की तरह भटकता देख उसकी छटपटाहट बढ़ाने के लिए बधाइयाँ भी दी जाती हैं।

कुछ छोटे अधिकारी भी इस खेल में रस लेने लगे हैं। श्रीवास्तव साहब आते-आते अक्सर वर्मा को छेड़ते हैं—"कहिए वर्माजी, आपका तो हो रहा है?"

"सर, आप बताइये, हो रहा है?"

"सुना है।"

"...सर, कॉफी पियेंगे?"

शर्माजी जैसे अधिकारी भी, जो गम्भीर प्रकृति के माने जाते हैं, हरिमोहन को पदोन्नति का समाचार देकर मजे लेते रहते हैं। हरिमोहन अपने बारे में सुन-सुनकर फूले नहीं समाते। यूँ अब तक, ख़ुद को लेकर वह आश्वस्त हो चुके हैं।

वरिष्ठ लोगों में महेन्द्रजी भी हैं। पदोन्नति की चर्चा सुनते ही गम्भीर हो जाते हैं। पथराई आँखों से सामने वाले को इस तरह देखते हैं, जैसे कह रहे हों— होना तो मेरा है बच्चू, उछल रहे हो तुम? पदोन्नति की अन्तहीन प्रतीक्षा ने उन्हें अन्दर ही अन्दर चिड़चिड़ा बना दिया है। मीठा बोलना चाहते हैं, किन्तु मुँह से निकलते ही बात कड़वी हो जाती है।

और भी कई चरित्र हैं। ओझाजी को ही लीजिए। पदोन्नति की अफ़वाह तेज़ होते ही अधिकारियों की प्रशंसा करना और साथियों की कमज़ोरियाँ बताना शुरू कर देते हैं। उपेन्द्र वक़्त से पहले आने और देर तक रुकने लगते हैं। गंगा प्रसाद दो घंटे का काम आधे घंटे में निपटा देते हैं। ललित मोहन फाइलों के ढेर के पीछे चूहे की तरह दुबके रहते हैं और व्यस्तता का नाटक करते हैं।

एक ममताजी भी हैं। पदोन्नति की बात चले तो उनका गला भर आता है। मुँह से कुछ नहीं बोलतीं। पर रुँधे गले से अपने साथ अन्याय होने का संकेत देती रहती हैं। नितिन कुमार को जब उम्मीद नज़र आती है तो खरगोश हो जाते हैं, अन्यथा नोचन बिलौटा।

हरेक का अपना चरित्र है, अपनी-अपनी विशेषताएँ। किन्तु ऐसा कोई नहीं है जिसने 'महत्वाकांक्षा' न पाली हो। काम, क्रोध, मद और लोभ की तरह पदोन्नति की लालसा भी हर वेतनभोगी 'मन' के अँधेरे कोने में कुंडली

मारे बैठी है। जिज्ञासा, ईर्ष्या, निराशा और क्रोध के प्रदर्शन से यह कमज़ोरी प्रायः पकड़ में आ जाती है। आज 'अ' ने 'ब' को पकड़ा, कल 'ब' ने 'स' को। पकड़न-पकड़ाई के इस खेल में दूसरे की कमज़ोर नस पकड़ने के क्षण सबसे आनन्ददायक होते हैं। लेकिन जो लम्बी जीभ निकालकर सरेआम लार टपकाता नज़र आता है, वह अफ़वाहों के केन्द्र में सबसे अधिक रहता है।

अफ़वाहें हर कोई उड़ाता है। जो नहीं उड़ाता, वह हवा देने का काम तो करता ही है। फ़र्क इतना है कि विजय वर्मा की तरह कुछ लोग अफ़वाहों को उड़ने के लिए हवा के रुख़ पर छोड़ देते हैं, जबकि कुछ अंजन बाबू की तरह कन्धे पर अफ़वाह रखकर सरेआम फेरी लगाते फिरते हैं।

अंजन बाबू कभी-कभी गम्भीरता से सोचते हैं। तब उन्हें साथियों पर, यहाँ तक कि अपने आप पर भी तरस आता है। जीवन के दलदल में कदमताल के लिए संघर्ष कर रहे मामूली बाबू लोग। सिर के ठीक ऊपर, दृष्टि की सीमा के अन्तिम छोर पर टँगी नीली चादर। यानी हर किसी का अपना-अपना आकाश। किसी का दो अंगुल ऊपर, किसी का दो अंगुल नीचे। शून्य में टँगी भ्रम की उस चादर पर टकटकी लगाये हुए एक दिन आँखें पथरा जाए। 'कदमताल' के लिए छटपटाने में ही ऊर्जा चुक जाये।

आख़िर एक साथ छटपटाने, कराहने वाले एक-दूसरे से इतनी ईर्ष्या क्यों रखते हैं? मुर्ग़ों की तरह एक-दूसरे को नोचना क्यों चाहते हैं? यह सब मनुष्य के अन्दर विद्यमान आदिम प्रवृत्ति के कारण है या इसमें 'उत्प्रेरकों' की भी भूमिका है? – डिवाइड एंड रूल...!

अंजन बाबू जोर से हँसते हैं। उन्हें अपनी हँसी हिनहिनाहट-सी लगती है।

"हाँ अब बताइए, आजकल आप कैसे इतना खुश रहते हैं? मुझे तो कभी-कभी आपके ठहाकों से डर लगने लगता है।" –घर पहुँचते ही अंजन बाबू की पत्नी ने चाय के साथ उन्हें प्रश्न थमा दिया और आशंका भी।

अंजन बाबू हँसने लगे। फिर विस्तार से पत्नी को 'दफ़्तर पुराण' का पदोन्नति कांड सुना डाला। पूरा प्रकरण सुनाने के बाद एकाएक चुप हो गये। सोचने लगे– दरअसल, कर्मचारी कुत्ते-बिल्लियों की तरह जीभ से अपने फोड़े चाटते न दिखाई दें तो अधिकारियों को कैसे पता चले कि वे मामूली कर्मचारी हैं। खुद कर्मचारी लोग भी जब एक-दूसरे को पैंट की दोनों जेबों में हाथ डालकर रान खुजाते देखते हैं, तो उन्हें सन्तोष होता है कि सबका दुख बराबर है। तो फोड़े-फुंसी, दाद-खाज से मुक्त व्यक्ति ईर्ष्या का कारण नहीं बन जायेगा?

"लेकिन आपने हँसते रहने का कारण तो नहीं बताया?" —पत्नी ने उन्हें चुप देखकर सवाल किया। अंजन बाबू बोले, "बस, दूसरों को छेड़ता हूँ, उनके मन के अँधेरे कोने में दबी, फफूँद लगी इच्छाओं को कुरेदता हूँ और हँसता हूँ। अपने लिए यही मनोरंजन का ज़रिया है। खुद क्यों सहानुभूति का पात्र बना जाये? सहानुभूति और उपहास के बीच बहुत कम फासला होता है। सहानुभूति का पात्र किसी भी क्षण उपहास का पात्र बन जाता है। मैंने तय किया है कि जियो तो लोगों की ईर्ष्या का पात्र बनकर जियो। ठहाके लगाओ।"

"हँसना यूँ भी सेहत के लिए अच्छा है।"

"न हो सेहत के लिए अच्छा, मेरी यह उन्मुक्त हँसी तनावों से जूझने और कुंठाओं को ठेंगा दिखाने की शक्ति तो है। दरअसल, यह हँसी भीतर की दुर्बलाताओं से लड़ने के लिए उत्पन्न की गयी प्रतिरोधक क्षमता है। बस, कभी-कभार, किसी दिन सदमा न लग पड़े, यही क्षीण-सी आशंका भयभीत कर देती है। हालाँकि पदोन्नति में रुपये-पैसे का जोड़-बाक़ी न होता और यदि रुपये के साथ जीने व जीवित रहने का गणित न जुड़ा होता, तो मैं सहर्ष पदोन्नति की इच्छा त्याग देता।"

"तो कौन कहता है, त्याग दो? न त्यागो, न उसके पीछे भागो।"

"यही सोचता हूँ। क्योंकि, यह प्रतियोगिता ही दरअसल बेमानी है। कुछ लोगों को सीढ़ियों से चढ़ना है, कुछ को लिफ्ट से।"

"तो फिर अपनी टाँगों की क़ुव्वत बढ़ाओ। यह मानकर कि व्यायाम सीढ़ियाँ चढ़ने के लिए ही नहीं होता, ज़मीन पर टिके रहने को भी मजबूत टाँगे चाहिए।"

गृहिणी का तर्क सुन अंजन बाबू चकित। पत्नी चुप। एकदम सिक्का खनक सन्नाटा।

अगले दिन दफ़्तर जाते हुए अंजन बाबू अत्यन्त उत्साहित थे। पत्नी की ओर से बल मिल जाने पर नयी स्फूर्ति आ गयी थी। रास्ते में उल्लू खिंचाई के कई नायाब नुस्ख़े खोज निकाले। मसलन, शीलाजी को कौन-सी ख़बर देंगे, कुलानन्द को कैसे छलेंगे और गंगा प्रसाद को किस कोण से व्यंग्य बाण मारेंगे।

दफ़्तर पहुँचे तो माहौल में काफ़ी तब्दीली नज़र आयी। न किसी ने उत्साहित स्वर में बात की, न पदोन्नति की चर्चा छेड़ी। दो-दो, तीन-तीन की टोली में कई लोग खुसर-पुसर कर रहे थे। कुछ उदासी ओढ़े बैठे थे। शीलाजी की आँखें सूजी हुई थीं।

अंजन बाबू कुछ समझ नहीं पाये। अपनी पुरानी अदा में बोले, "शीलाजी, आपको...और आपको ही क्यों, सभी साथियों को बधाई। अभी-अभी सुना है कि उच्च स्तर पर पदोन्नति का फैसला हो गया। इसलिए न किसी को दुखी होने की ज़रूरत है, न अकेले-दुकेले खुश होने की।"

अंजन बाबू उम्मीद कर रहे थे कि नयी अफ़वाह देशी ठर्रे की तरह फौरन सिर चढ़ेगी। पर किसी ने उनकी बात पर कान नहीं दिये। किन्तु मुँह लटकाये बैठे इन्दु भूषण पांडे से रहा नहीं गया। बोले, "कब तक छलोगे अंजन? मुझे, शीला जी, कुलानन्द और आपको छोड़कर बाकी वरिष्ठ लोगों की पदोन्नति हो गयी। दो जूनियर भी हैं।"

"ऐं?"—अंजन बाबू की आँखें खुली रह गयीं। धम्म से कुर्सी पर गिर पड़े। सिर चकराने लगा। उन्होंने आँखें मूँद लीं। अगले ही क्षण कानों को बाहर की आवाज़ें सुनाई देना बन्द हो गया। केवल अन्दर से एक अकेली आवाज़ आ रही थी— जमीन पर टिके रहने को भी मजबूत टाँगें चाहिए।

यह बात उन्हें गीता के उपदेश की तरह लगी। जैसे कहा जा रहा हो—अंजन, उठ, तीर चला।

अंजन बाबू झटके से खड़े हो गये। महेन्द्र जी की ओर लपके। हाँक लगाई, "गुरु, पहली सूची में आने की बधाई।"

अंजन बाबू ने एक पल के लिए रुककर सोचा— अरे, यह क्या, वह हँस रहे हैं? तो क्या उनका भय बेवजह था? क्या हँसी का आन्तरिक स्रोत बाहर की खनन-खुदाई से नहीं सूखता?

वह हँसे और हिनहिनाते हुए-से बोले, "दो महीने बाद जिन लोगों की पदोन्नति हो रही है उनमें सबसे ऊपर शीलाजी का नाम है और सबसे नीचे कुलानन्द का।"

साथी हक्के-बक्के। अंजन बाबू हँस रहे हैं?

साइलेंट मोड

वह ऐन मुँह के आगे खम्भे की तरह खड़ा मिलता है। दिल धक्क कर जाता है। इतने आहिस्ता से कोई कैसे आ सकता है? और आना तो आना, इतनी सरपट गुम कैसे हो जाता है?

पता नहीं वह कहाँ से आता है और कहाँ चला जाता है। हालाँकि यह तय है कि अगर वह दिखाई दिया है तो कहीं से तो आता होगा। बावजूद इसके न वह हाथ आता है, न उसका सुराग। जिस कालोनी का यह वाक़या है, वहाँ की पचासों युवतियों (जवान स्त्रियों और लड़कियों) ने उसे बाक़ायदा देखा है। उसका पीछा किया है। लेकिन वह एकाएक किसी मोड़ पर बिला जाता है।

वह उड़नतश्तरी से उतरा एलिअन नहीं है। इसी पृथ्वी का मनुष्य है। किन्तु पूर्वी दिल्ली की इस सम्भ्रान्त कालोनी में रहने वाले जिन-जिन शिष्टजनों को उसके कार्य-कलाप का गुमान है, वे उसे मनुष्य से कमतर मानते हैं। अपनी कारगुज़ारियों के कारण वह रहस्यमय और सन्देहास्पद हो गया है। हाथ न आने और कोई सुराग न छोड़ने को उसका हुनर मान लिए जाने से मामला और भी पेचीदा होता जा रहा है।

कोई कहीं आये-जाये इससे आम तौर पर भूचाल नहीं आता। उसका मामला लेकिन अलग है। वह हलचल मचा देता है। दरअसल, उसकी जो एक झलक है, वही सारे फ़साद की जड़ है। फ़साद का मतलब यह नहीं कि कालोनी में हंगामा बरपा हो। हलचल जो भी है, स्त्रियों के भीतर है। या फिर कानों-कान है। उसके बारे में खुल कर—घरों, गली-गलियारों, पार्कों या पान की दुकान पर—कोई चर्चा करता हुआ अभी तक पाया नहीं गया है। स्त्रियाँ भी आपस में, बहुत निकटता न होने पर, उसकी बात नहीं करतीं। जिनके आपसी सम्बन्ध एक-दूसरे की निजता में आवाजाही के हैं, वे भी उसके साथ मुठभेड़ के क़िस्से से ख़ुद को नहीं जोड़तीं। थोड़ा हीला-हवाला कर कोई-कोई उसका हुलिया ज़रूर बता देती हैं। मसलन—धूप में पका-सा तांबई रंग। लम्बा कद— धड़ के अनुपात में टाँगें कुछ ज़्यादा लम्बी। मानो, कमर से शुरू होती

हों। गलफड़े निकला-सा चौकोर चेहरा। हबशियों जैसी ज़बरजंड कद-काठी। बाल घुँघराले, कपड़े मैलख़ोर।

इस घटना का मज़ेदार पहलू यह है कि उसका पता लगाने को बेचैन महिलाओं में से शायद ही किसी ने पुरुषों से इसे साझा किया हो। कम से कम लड़कियों ने तो होंठ सी रखे हैं।

उसके बारे में अब तक प्राप्त सूचनाओं से उसे लेकर कुछ अजीबोग़रीब धारणाएँ बनी हैं। उनमें से कुछ तो क़तई सन्दिग्ध हैं। इसके बावजूद उन पर यक़ीन करने को जी चाहता है। मसलन, उसकी घ्राण-शक्ति अद्‌भुत है। जिस घर में लड़कियाँ या जवान स्त्रियाँ होती हैं और अकेली होती हैं, वह सूँघ लेता है। बिना चूके हर बार ऐसा, ज़नाना गन्ध का कोई पारखी ही कर सकता है। उसकी सुँघी नाक के बावजूद उसे पशु की संज्ञा किसी ने नहीं दी है, क्योंकि उसने पशुता का परिचय अभी तक नहीं दिया है। लेकिन एक विरोधाभास भी है। कालोनी के जिन इक्का-दुक्का पुरुषों के कानों तक उसका क़िस्सा छनता-छनाता पहुँचा है, उनमें से एकाध ऐसे हैं जिन्हें उसकी ढिठाई सभ्यता और मनुष्यता के विरुद्ध लगती है। गोया, ढिठाई से नर्व गैस रिसती हो।

यों जिन चन्द पुरुषों को इस वाक़ये की जानकारी है, उनमें से ज़्यादातर इसे मनगढ़न्त क़िस्से की तरह हलके लेते हैं। या यों समझिए, उन्हें लगता है पाकिस्तान के हालात और फ़सादात की बात चल रही हो। जिनसे उनका कोई सरोकार नहीं और वे महज तमाशाई हैं। वे इसलिए तटस्थ हैं क्योंकि उन्हें यक़ीन है कि उनके घर में सेंध नहीं लगी है। या फिर उनके घर में जवान लड़कियाँ नहीं हैं, और हैं तो, कभी भूले से भी वे दरवाज़े खुले नहीं छोड़ते।

वे जो आश्वस्त हैं कि लम्बू ने कभी उनके घर का रुख़ नहीं किया होगा, उनमें से कुछ लंठ और छिछोरे मौक़े-बेमौक़े उसके क़िस्से का मज़ा भी लेते हैं। कभी दफ़्तर में, तो कभी-कभी रस-रंजन के मौक़े पर— जब सरूर बन जाए। पर हाँ, जब महिलाएँ आस-पास न हों।

उन्हें नहीं मालूम कि सच्चाई थोड़ा नीम-चढ़ी है। रेत में मुंडी घुसेड़ने से वह बदलती नहीं। कालोनी में कोई दावे के साथ कह नहीं सकता कि लम्बू के नथुने उनके घर की तरफ़ उठे और फड़के न होंगे। दरअसल, इस क़िस्से में ही ऐसी बात है जो इसे कोई खुल कर बयान नहीं करता। नतीजतन इसमें अपने लिए खुशफ़हमी पालने और दूसरों को लेकर ग़लतफ़हमी का शिकार हो जाने की पूरी गुंजाइश रहती है। इस क़िस्से ने स्त्रियों के बारे में एक प्रचलित और रूढ़ धारणा को भी तोड़ा है— कि उनके पेट में बात नहीं पचती। यहाँ

तो पुरुषों के सामने कोई स्त्री लम्बू कांड की डकार भी नहीं लेती।

प्रो. अनोखे लाल उन एकाध पुरुषों में हैं जो इस क़िस्से के रिक्त स्थानों को भी इस तरह भर देते हैं, गोया चश्मदीद हों या उन्हें बाक़ायदा इलहाम हुआ हो। बताया जाता है कि कहे से ज़्यादा अनकहे को पकड़ लेने में निपुण प्रो. लाल को लम्बू से सख़्त नफ़रत है। बावजूद इसके कि नफ़रत करना, और कम से कम उसे व्यक्त करना उनके मिज़ाज के ख़िलाफ़ है।

अभी हाल उन्होंने अपने मित्र डॉ. जयराम को लम्बू कांड के कुछ संक्षिप्तीकृत और संशोधित अंश सुना दिये हैं। संक्षिप्तीकरण की ज़रूरत सम्भवतः जयराम के घर में उनकी पत्नी की उपस्थिति के कारण पड़ी, जो आस-पास मौजूद रहते हुए भी उन दोनों की बातों पर कान हालाँकि नहीं देतीं। दो बुद्धि जीवियों की गरिष्ठ बातचीत से शब्दों को पकड़ना और उनके अर्थ निकालना... तौबा-तौबा। कान को हैरान करने का कोई मतलब है भला!

प्रो. लाल क़िस्से का सार सुनाने के बाद कहते हैं, "जयराम जी, आपको नहीं लगता, कितनी शर्मनाक और ग़लत हरकत है?"

वे 'ग़लत' पर काफ़ी जोर देते हैं और 'ग' के नुक़ते पर उससे भी ज़्यादा। जयराम सहमति में सिर हिला देते हैं। उनका ध्यान ठंडी हो रही चाय की तरह है। प्रोफेसर कहते हैं, "मुझे तो इसमें किसी बड़े हादसे के बीज दिखाई देते हैं। ऐसे मुस्टंड सनकी अपनी गिरफ़्त में ले लें तो, छूटना आसान नहीं होता।"

"हाँ, पर इसमें एकदम से इतना चिन्तित होने की बात भी नहीं है, लाल साहब," कह कर जयराम आगे जोड़ते हैं, "हो सकता है, यह चरित्र लोगों के दिमाग़ की उपज हो।"

"आप तो कमाल करते हैं।"

"आपने देखा है उसे?"

"हम लोग बिना देखे भी कुछ चीजों के अस्तित्व को स्वीकार करते हैं। तर्क की कसौटी पर मैं ख़ुद इसे उचित नहीं मानता। पर जिसके होने की पुष्टि दूसरे कर रहे हों उसके अस्तित्व को अस्वीकार करने की ज़िद भी हम नहीं ठान सकते– इस बिना पर कि हमने नहीं देखा।"

डॉ. जयराम चुप हो गये क्योंकि प्रोफेसर लाल का चेहरा तमतमा गया था। लाल उन्हें यक़ीन दिलाने पर आमादा थे, "उस आदमी का वजूद ही नहीं है, वह बहुत ख़तरनाक और शातिर भी है।"

जयराम ने प्रोफेसर को इस तरह छटपटाते पहले कभी नहीं देखा। इसके

मूल में आख़िर क्या हो सकता है, जयराम ने कोई सिरा पकड़ने के प्रयास में अपने आप से पूछा और उलझते चले गये।

प्रो. लाल की तीन जवान बेटियाँ हैं। वे जवान हैं इस बोध से प्रोफेसर कभी मुक्त नहीं होते। भूले-भटके कभी ख़याल से उतर भी जाये तो पत्नी का काग-राग इसका स्मरण कराता रहता है। मानो, कान में कहती हो— जागो, बेटियाँ जवान हो गयीं...कुर्र...।

अनोखे लाल तीन ज़बर-जवान बेटियों के बाप हैं, तो क्या इसीलिए चिन्तित रहते हैं? इसका जवाब ढूँढ़ने के लिए कोई वैज्ञानिक प्रणाली या उपकरण नहीं है। मनो-विश्लेषण से कुछ हाथ लग जाये तो लग जाये, वरना सब कयासबाजी है।

असल में प्रो. लाल बेहद कल्पनाशील व्यक्ति हैं। जवान लड़कियों के साथ क्या कुछ घट सकता है इसकी वे हर भयावह कल्पना कर सकते हैं। वे एक आशंका के सैकड़ों और सैकड़ों आशंकाओं के अनन्त पहलुओं की परिकल्पना में समर्थ हैं। क्या सम्भव है कि उनकी अति-कल्पनाशीलता उनकी परेशानी का सबब बनी हो।

यों उनके सशंकित रहने की वज़ह उनका अनुभवी होना बतायी जाती है। जीवन के अनुभवों ने उन्हें सजग और चौकन्ना रहना सिखाया है। वे हिरन की तरह खतरे की आहट लेते हैं। ऐसा करते हुए (यह भ्रम हो सकता है, पर) उनकी गर्दन लम्बी होती दिखाई देती है और कान खड़े। क्या अनुभव की गठरी का वज़न बढ़ते जाने से आदमी अति चौकन्ना होता चला जाता है?

प्रो. लाल के धुर विरोधी डॉ. चिन्तामणि सिंह और उनकी शिष्यमंडली उनके चौकन्नेपन को चतुराई करार देते हैं। उनका यह भी मानना है कि प्रो. लाल को अपनी पलकें दूनी गति से झपकाने और कभी एकदम स्थिर कर देने में महारथ हासिल है, जो असल में सम्मोहन कला है। वे लाल के बारे में कई अनर्गल बातें करते हैं, ऊटपटाँग आरोप लगाते हैं और मौक़ा मिलने पर फूहड़ टिप्पणियाँ करने से भी बाज नहीं आते।

प्रो. लाल कुछ नाटे तो हैं किन्तु आकर्षक हैं। ऊपर से नीचे तक उनमें कोई खोट अगर है तो वह उनके उभरे नितम्ब हैं। जो चलते हुए घड़ी-घड़ी फुदकते हैं। यह असन्तुलन उनके कुछ-कुछ स्त्रैण होने का आभास देता है। चिन्तामणि सिंह की शिष्यमंडली का एक छटैल छात्र मोनू कहता है— एक तो शारीरिक असन्तुलन, ऊपर से उसका अश्लील प्रदर्शन। इस पर तो प्रतिबन्ध लगा देना चाहिए। सभी पुलिस थानों को निर्देश होना चाहिए कि प्रो. लाल

को जहाँ भी देखें घसीट कर थाने लायें। थाने में उन्हें पेट के बल लिटा कर बढ़ई से तब तक रंदा लगवाएँ जब तक किलो-किलो भर छिल न जायें।

इस पर एक ठस दिमाग़ और खाँटी देहाती सोमपाल की राय है, "यो काम पुलिस को क्यों सौंपो हो, मेरे गाम भेज दो। मैं लाल को खेतों में उलटा लिटा के पाटा लगा दूँ। दोनों ढेले चुटकियों में ना फूट्टें तो मेरा नाम सोमपाल नहीं।"

इन हलकी टिप्पणियों के कारण चिन्तामणि सिंह की शिष्यमंडली के सभी आरोपों को प्रोफेसर के विरुद्ध दुष्प्रचार मान लिया जाता है। वे कोई ठोस लगने वाला आधार भी बताएं तो प्रमाण माँगा जाता है। प्रमाण होता नहीं। इसलिए बेसिर-पैर की बातें अपने टुंड धड़ के साथ विरोधी पाले में छटपटाती रहती हैं।

प्रो. लाल की आँखों के बारे में, अगर देखा जाये तो, तथ्यात्मक बात यह है कि वे बेहद पनीली हैं। दूसरा, उनकी पलकों के झपकने की गति कई बार बहुत तेज़ हो जाती है, तो कई बार हद से ज़्यादा धीमी। मानो, उनके झपकने का स्नायु-तन्त्र से कोई सम्बन्ध न हो। वे अपनी मर्ज़ी की मालिक हों। या फिर उन्हें प्रो. लाल ने साध रखा हो। अगर, मान लो, ऐसा हो भी तो इसमें प्रो. लाल की चतुराई और बदनीयती कैसे देखी जा सकती है?

छुट्टी का दिन था। सुबह के ग्यारह बज रहे थे। कुछ लोग रोज़मर्रा के कामों से फ़ारिग हुए ही थे। कुछ फुर्सत में मनपसन्द नाश्ता कर रहे थे। कुछेक ऐसे भी थे जो बच्चों के बाल कटाने नाई की दुकान की तरफ़ निकल गये थे। कुछ फोन से चिपके हुए थे, तो कुछ लम्बे विज्ञापनों से ऊब कर टीवी के चैनल बदल रहे थे। छुट्टी की सुस्ती पूरी कालोनी पर पसरी हुई थी।

रात में पानी खूब बरसा। सुबह चकाचौंध धूप है। अनोखे लाल काला चश्मा लगाये सब्जी लेने निकले हैं। कुर्ते-पाजामे के साथ काले चश्मे के संयोजन से उनके चेहरे पर नेत्रहीनों जैसी बेचारगी झलक रही है।

इन दिनों कब्ज़ के कारण उन्हें हाजत ढंग से नहीं हो रही। वे ख़ास तौर से लौकी ख़रीदने निकले हैं। रास्ते में उन्होंने मन ही मन पपीता ख़रीदना भी तय कर लिया। पतीते के बारे में सोचते हुए उन्हें बेदाना गप्पी की याद आ गयी। वह कई दिन से दिखाई नहीं दिया। पता नहीं आजकल पपीते बेच रहा है या कुछ और। वह इतने मीठे पपीते जाने कहाँ से लाता है। यों तो वह डाल के पके बताता है, पर चूँकि हाँकता-फेंकता बहुत है इसलिए आसानी से भरोसा नहीं होता। उसका नाम भी इसी कारण गप्पी पड़ा। बाद में वह पपीते से लेकर जामुन तक को बेदाना कहने लगा। तब 'गप्पी' के साथ 'बेदाना' भी

जुड़ गया। मज़ेदार यह है कि जामुन के बेदाना होने की बात पर जब कोई आश्चर्य करता तो वह कहता, ''बाऊजी, बहुत छोटी गुठली वाला जामुन है, आगरे का। बेदाना ही समझो। दिल्ली के जामुन में है क्या, सिर्फ़ गुठली।''

वे बेदाना गप्पी के बारे में सोचते हुए कालोनी के अन्दर की सड़कों को जोड़ने वाले तिराहे पर पहुँचे थे। तभी उन्हें हाँक-सी सुनायी दी। आवाज़ें ज़नाना थीं। वे थोड़ा चौकन्ने हो गये। कान आवाज़ों की दिशा में लगा दिये। फिर एकाएक ही सड़क छोड़ कर एक तरफ़ खड़े हो गये, ताकि कोई दौड़ा आ रहा हो तो टकरा न जाये। कौन जाने चोर-उचक्का हो और घिर जाने की आशंका में चोट-चपेट लगा दे। उन्होंने घबराकर चश्मा जेब में डाल लिया।

तिराहे पर मिलने वाली सड़कों में से एक कुछ मीटर की दूरी पर ही घूम जाती है। जहाँ प्रोफेसर खड़े हैं वहाँ से कुछ दूरी के बाद आगे की सड़क दिखायी नहीं देती। ठीक उसी मोड़ पर कुछ युवतियाँ अचानक अवतरित हुईं। उनमें से एक के हाथ में डंडा था। प्रोफेसर पर नज़र पड़ते ही युवती ने डंडे वाला हाथ पीछे कर लिया। वे आपस में फुसफुसाने लगीं। अनोखे लाल शंकालु बेशक हैं पर इससे उनमें हर बात को ताड़ लेने की कला का विकास हुआ है। उनके अनुभवों ने इस कला को और परिष्कृत किया है। ऐसा बहुत कम होता है जब उनकी बुद्धि और तार्किक क्षमता में तालमेल गड़बड़ा जाये और आकलन में चूक हो जाये।

अनोखे लाल ने युवतियों के झुंड को ग़ौर से देखा और एक ही नज़र में सारा घटनाक्रम भाँप गये। युवतियों के क़रीब आते ही उन्होंने पूछा, ''वही था क्या?''

डंडे वाली युवती ने, जो सबसे तेज़-तर्रार लग रही थी, उलटा प्रश्न किया, ''वही कौन?''

प्रो. लाल को लगा, उनका सवाल बेतुका था। उन्होंने अब प्राध्यापकी अन्दाज़ में बात को थोड़ा खोला, ''मैं समझता हूँ और मुझे लगता है मैं सही समझता हूँ...आप लोग बख़ूबी जान रही हैं कि मैं किसकी बात कर रहा हूँ।''

युवतियाँ कोई नया बहाना या सवाल करतीं इससे पहले वे फिर बोल पड़े, ''देखो, मैं उसकी हरकतों से वाक़िफ हूँ। मैं चिन्तित भी हूँ।''

डंडे वाली युवती ने सिर झुका लिया। बाकी सब एक-दूसरे का चेहरा देखने लगीं। प्रो. लाल आगे बढ़ गये। पर चार कदम चल कर अचानक पलटे और पूछा, ''सब ठीक तो है ना?''

दरअसल यह कहते हुए वे पूछना चाहते थे कि कहीं कुछ 'ग़लत' तो

नहीं घटा। कह नहीं सकते, लेकिन लड़कियों के चेहरों से लगा, वे प्रश्न को समझी नहीं। प्रोफेसर अनुभवी थे, उन्होंने चेहरों को पढ़ लिया था कि सब ख़ैरियत है। बल्कि उन्हें लगा, इस प्रश्न की ज़रूरत ही नहीं थी।

प्रोफेसर जिस सड़क पर बढ़ रहे थे वह कुछ ही आगे कालोनी की मुख्य सड़क से जा मिलती है। वहीं बायीं तरफ़ छप्पर डाले मनोहर सब्जी वाला वर्षों से बैठता है। वह उन्हें जानता है। वे भी मनोहर की ईमानदारी और व्यवहार से प्रभावित हैं, खास तौर से इसलिए कि वह महिलाओं के साथ बड़े अदब और सलीके से पेश आता है। इसीलिए वे प्रायः वहीं से सब्जियाँ लाते हैं।

मनोहर के ठीये की तरफ़ बढ़ते हुए दिमाग़ में अचानक घंटी-सी बजी– कहीं लम्बू तिराहे से उसी सड़क पर तो नहीं निकल गया, जो उनके घर की तरफ़ जाती है? उन्होंने तुरन्त जेब से मोबाइल निकाला और घर का नम्बर मिलाने लगे।

पत्नी उस वक़्त मुँह ही मुँह में कबीर को गुनगुना रही थीं। वह गठिया की मरीज़ हैं। जब चटाई बिछा कर ज़मीन पर बैठती हैं तो उठने में देर लगती है। जब तक वे उठीं फोन की घंटी बन्द हो गयी। दूसरी बार में फोन उठाया तो प्रो. लाल ने पूछा, ''कहाँ हो भई, फोन क्यों नहीं उठातीं?''

''क्या हुआ?''

''कुछ नहीं। पूछ रहा था, दरवाज़ा ठीक से बन्द है?''

''हमने आपके सामने ही तो बन्द किया था। पर हुआ क्या?''

''मुझे लगा, शायद दरवाज़ा खुला रह गया।...और ये कहाँ हैं तीनों?''

''बैठी हैं अन्दर। हँसी-ठिठोली चल रही है। सयानी हो गयीं पर बचपना नहीं जाता।''

कोई और होता तो पत्नी के एक ही राग अलापे जाने पर झल्ला पड़ता। पर उन्होंने फोन काट दिया। झल्लाना उनकी फ़ितरत में नहीं है। बल्कि लोग आश्चर्य करते हैं कि हमेशा उनकी ज़बान पर चाशनी कैसे चढ़ी रहती है। लम्बू अपवाद है जिसका ज़िक्र होते ही वे बिदक जाते हैं। कई बार तो आश्चर्य होता है कि लम्बू के लिए वे इतनी कड़वाहट जुटाते कहाँ से हैं।

बड़े अचरज की बात है लम्बू ने अब तक प्रो. लाल के घर का रुख़ नहीं किया। जबकि उनके घर में तीन-तीन जवान लड़कियाँ हैं। ग़ौरतलब है कि अब तक उसने जिस घर को चुना है वहाँ लड़कियाँ ज़रूर मौजूद रही हैं और ज़्यादातर एक से अधिक। वह बिल्ली की तरह दबे पाँव आता है। आते हुए कभी दिखाई नहीं देता। जिसने भी उसे देखा है मुख्य द्वार पर पर्दों के साथ छिपकली की तरह चिपका हुआ या दरवाज़ों अथवा दीवार की टेक लगाये

पाया है। पुरुषों की मौजूदगी में दबकैया कभी नहीं आता। जबकि प्रो. लाल लगभग रोज़ ही घर से निकलते हैं। फिर भी उसे कोई मौक़ा अब तक हाथ नहीं लगा। शायद इसलिए कि दरवाज़े बन्द करने के मामले में प्रो. लाल इधर बहुत सतर्क रहने लगे हैं। घर से बाहर भी हिदायत देकर ही निकलते हैं। किन्तु लम्बू मँडराया न होगा, ऐसा हो नहीं सकता।

प्रो. लाल ने इस घटना का ज़िक्र अब तक डॉ. जयराम के सिवा किसी से नहीं किया है। एक तो वे विश्वस्त मित्र हैं। दूसरा, यह घटना उनके सीने पर घुँपी हुई थी। जयराम से साझा कर थोड़ा हलके हुए हैं। अभी भी सोचते हैं, बेटियों को न सही, पत्नी को तो बताना चाहिए। लेकिन पत्नी को गोपनीयता बरतने में अपच हो जाता है। पड़ोस में कोई उगालदान मिलने में जरा भी देरी हुई तो वे घर में ही उलट देती हैं। वैसे, यह समझ से परे है कि आख़िर प्रो. लाल इस वाक़्ये की जानकारी से बेटियों को दूर क्यों रखना चाहते हैं। बल्कि पता रहने से उलटा वे सचेत रहेंगी। ऐसा भी नहीं है कि वे लम्बू के इन्तज़ार में दरवाज़े खोल कर बैठ जायें। लम्बू का इन्तज़ार कभी किसी ने नहीं किया। वह तो बिन बुलायी आफ़त की तरह ख़ुद आता है।

प्रो. लाल यह समझने में भूल कर जाते हैं कि जो वे जानते हैं वह सब उनकी बेटियों को पता हो सकता है। पारखी और अनुभवी होने का मतलब यह नहीं कि आपका आकलन हमेशा अचूक हो। लड़कियों ने लम्बू को देखा नहीं तो क्या हुआ, उसके कारनामे तो सुने हैं। बल्कि प्रोफेसर जब-जब दरवाज़े बन्द रखने की हिदायत देते हैं, तीनों प्रश्नवाचक निगाहों से एक-दूसरे को देखती हैं– क्या पापा को उसके बारे में पता है?

लम्बू के कई मनगढ़न्त क़िस्से भी चल पड़े हैं। कई सारी भ्रान्तियाँ हैं। कुछ तो अफ़वाहों से उपजी हैं। कुछ भ्रम लोगों के छिछोरेपन से और कुछ मूर्खताओं से पैदा हुए हैं। यह सब इसलिए भी है, क्योंकि जिन्होंने उसे देखा है वे सब स्त्रियाँ हैं और खुल कर उसके बार में कुछ नहीं बतातीं। सिर्फ़ कुछ ही बातों पर एक राय है। जैसे, लम्बू पर शयन-कक्ष में घुस आने का आरोप कोई नहीं लगाता। वह मुख्य द्वार से घुसता है और उसके पास ही खड़ा पाया गया है। वह जो भी करता है, वहीं खड़े-खड़े करता है। हालाँकि लड़कियाँ और स्त्रियाँ आपस में खुल कर जो कहती हैं उसका लब्बोलुआब यह है– कि लम्बू दबे पाँव आता है और चुपचाप लड़कियों को तब तक ताकता रहता है, जब तक ताकता हुआ पकड़ा नहीं जाता।

उनकी नज़र उस पर पड़ती है तो हड़कम्प मच जाता है। ऐसे में जिसके

हाथ जो आता है, उसी से 'हट-हुट' कह दौड़ा लेती हैं। वह भागता है और वे उसके पीछे-पीछे। छोटी-मोटी बाधाओं को टापता हुआ वह पलक झपकते ही ग़ायब हो जाता है। पीछा करने वाली लड़कियाँ और स्त्रियाँ आज तक देख नहीं पायीं कि आख़िर वह जाता कहाँ है। हो-हल्ले का कारण पूछने पर वे टाल जाती हैं। शायद संकोच इसमें आड़े आता है। तफ़सील से बताना पड़ा तो आख़िर बताएँगी क्या?

एक सत्तर वर्षीया निरक्षर बुढ़िया को भी इस घटना की भनक लग गयी है। वह कालोनी के कई घरों में बर्तन माँजती है। लम्बू के बारे में उसकी राय एकदम साफ है। वह फैसला सुनाने के अन्दाज़ में कहती है, "वो आदमी नहीं, हवा है।"

हवा का मतलब पूछने पर उसका पोपला मुँह आश्चर्य से खुला रह जाता है। ये कैसे पढ़े-लिखे लोग हैं जिन्हें हवा का मतलब नहीं मालूम। वह समझाते हुए कहती है, "हवा माने, अला-बला।"

लम्बू की हरकत रहस्यों, भ्रान्तियों और अफ़वाहों की जननी इसलिए है क्योंकि स्त्रियाँ सिर्फ़ फुसफुसाती हैं और लड़कियाँ मुँह सिये रहती हैं। क्योंकि ज़्यादातर पुरुष इस क़िस्से से या तो वंचित हैं या उन्हें अपने घर से कोई शिकायत नहीं मिलती। प्रो. लाल ही हैं जो इस घटना के तमाम पहलुओं पर विचार करते हुए अघटित की भी कल्पना कर लेते हैं।

प्रो. लाल ने अभी दो दिन पहले डॉ. जयराम से इस मुद्दे पर खुल कर चर्चा की। मंडी हाउस में एक सेमिनार में उनकी मुलाकात हुई थी। प्रो. लाल उन्हें वहाँ से कनॉट प्लेस के एक रेस्तराँ में ले गये। दोनों सबसे पीछे की एक मेज के आमने-सामने बैठ गये थे। कॉफी तो असल में बहाना था। लाल एकान्त में बात करना चाहते थे। उन्होंने बिना भूमिका बाँधे शुरुआत की थी, 'मैं पूरे यक़ीन के साथ कह सकता हूँ, वह धूर्त और लम्पट है।'

'धूर्त' और 'लम्पट' उनके मुँह से निकले काफ़ी कड़े शब्द थे। ऐसी कठोर शब्दावली का इस्तेमाल वे प्रायः नहीं करते, क्योंकि वे अध्यापक हैं। अध्यापक होने के कारण शब्दों के चयन में सावधानी बरतना वे ज़रूरी मानते हैं। असल में, उनका समूचा जीवन ही सावधानी और अनुशासन का जीवन है। उन्हें अमर्यादित व्यवहार करते या अपशब्द कहते कभी किसी ने देखा, न सुना। इसीलिए नाते-रिश्तेदारों और मित्रों-परिचितों के बीच उनकी खासी प्रतिष्ठा है। कालोनी के लोग भी उनका काफ़ी सम्मान करते हैं।

जयराम चूँकि चुप्पे क़िस्म के आदमी हैं, इसलिए बोलते कम और सुनते

ज़्यादा हैं। उन्होंने प्रो. लाल को सवालिया निगाहों से देखा तो लाल ने बात आगे बढ़ायी, "मुझे तो लगता है वह साइको है।"

"साइको?"

"हाँ। ऐसा आदमी कुछ भी कर सकता है। हत्या भी। ऐसे लोग बहुत शातिर होते हैं। आसानी से पकड़े नहीं जाते।"

"उसने ऐसा कुछ...कुछ किया है?"—जयराम ने पूछा था। उनके सवाल में पहले जैसा अविश्वास नहीं था। प्रोफेसर बोले, "असल में बातचीत के लिए आपका घर सही जगह नहीं थी। इसलिए मैं उस दिन खुल कर बता नहीं पाया।"

"क्यों, ऐसा क्या है?"

"वह घरों में घुस कर लड़कियों को सिर्फ़ देखता ही नहीं।"

"तो और?"

"ज़िप खोल कर खड़ा हो जाता है...ज़िप। और...आप समझ रहे हैं ना!"

हमेशा रिक्त स्थानों की पूर्ति करने में सिद्धहस्त प्रो. लाल ने जयराम के लिए वाक्य में रिक्त स्थान छोड़ दिया था। एक ऐसे रेस्तराँ के कोने में भी उन्होंने अपना वाक्य पूरा नहीं किया, जहाँ किसी को उनकी बातें सुनने में कोई दिलचस्पी नहीं थी।

"बीमार लगता है," बहुत देर बाद जयराम ने अपनी राय व्यक्त करते हुए कहा, "रुग्ण मन स्थिति में ही कोई ऐसा कर सकता है।"

जयराम के माथे पर तीन समानान्तर रेखाएँ खिंच गयी थीं। प्रोफेसर पहले ही चिन्तित लग रहे थे। दोनों के बीच लम्बू की रुग्णता पर काफ़ी देर विचार-विमर्श होता रहा। कॉफी का बिल चुकाते हुए प्रो. लाल ने अपनी पैंट की ज़िप को छू कर देखा। वे अध्यापक हैं, इसलिए कक्षा में जाते हुए तो खास तौर से सावधानी बरतते हैं कि कभी ज़िप खुली न रह जाये। तसल्ली कर लेने के बाद उन्होंने जयराम को याद दिलाया, "डाक्टर साहब, आपका एक चेला भारतीय पुलिस सेवा में निकल गया था और आपने कहा था कि आजकल वह यहीं है।"

"हाँ, है तो। अभी महीना भर पहले ही उसका फोन आया था।"

"तो जरा बात करके देखें।"

आज़ समूचे घटनाक्रम का एक तरह से पटाक्षेप हो गया। मौक़े पर जो दृश्य नज़र आ रहा था वह पूर्व-घटित की सिर्फ़ गवाही दे रहा था। दृश्य में दस नम्बर की एक हवाई चप्पल उलटी पड़ी थी— सिर्फ़ एक पैर की। पुलिस की एक जीप अभी-अभी वहाँ से रवाना हुई थी और उसने जो धुआँ उड़ाया

था वह धीरे-धीरे बैठ रहा था। गला कसने से उत्पन्न गों-गों का एक करुण स्वर जीप के साथ दूर होता चल गया था। हवा में कुछ तरंगे गों-गों की पुनरावृत्ति का भ्रम पैदा कर रही थीं। या शायद कोई नकलची बच्चा ठीक वैसी ही आवाज़ निकाल रहा हो।

कालोनी के तिराहे पर पन्द्रह-बीस लोग झुंड में खड़े थे। गोपनीयता की कोई दरकार न रह जाने के बावजूद घटना की चर्चा अब भी दबी ज़बान में हो रही थी। दो पुख़्ता वजहों से इस चर्चा के लम्बा खिंचने की सम्भावना कम थी। एक तो कालोनी के लोग किसी घटना का हिस्सा होने से बचने के लिए हमेशा खिसकने की जल्दी में होते हैं। दूसरा, इस मामले में बहस-मुबाहिसे की गुंजाइश इसलिए नहीं है क्योंकि इसमें दूसरा पक्ष मौजूद नहीं है। हालाँकि कइयों की सहानुभूति फिर भी अनुपस्थित पक्ष की तरफ़ लग रही थी।

डॉ. जयराम घटनास्थल पर मौजूद हैं और प्रो. लाल को फोन मिला रहे हैं। वे ज़ल्द से ज़ल्द उन्हें यह ख़बर देना चाहते हैं। उन्हें इस बात की तसल्ली है कि उनके मित्र को इससे राहत मिलेगी। यद्यपि लोग एक स्वर में जिस तरह की बातें कर रहे हैं उससे उन्हें थोड़ा बेचैनी भी हो रही है।

भीड़ देख कर जब कोई व्यक्ति जिज्ञासावश माजरा पूछता है तो भीड़ में से कोई न कोई घिसा-पिटा सा ज़वाब देता है, ''अजी कुछ नहीं। एक पागल था। उलटी-सीधी हरकतें करता था। किसी ने शिकायत की होगी, पुलिस उठा ले गयी।''

उनकी आपसी चर्चा में फिर-फिर एक ही तरह की बातों का दोहराव हो रहा है। वे स्तरीय चर्चा या नयी बातें या तो करना नहीं चाहते या फिर ये खिसकने से पहले की औपचारिकताएँ हैं—

—पुलिस वालों ने बड़ी बेरहमी से उसका गला दबोचा।

—उसके बचाव में तो कोई आया ही नहीं।

—कौन जाने उसकी हरकतों से शर्मिन्दगी महसूस करते हों।

—वैसे वह ख़ब्ती ही रहा होगा।

—कुछ तो गड़बड़ है।

—मनुष्य के दिमाग़ की बनावट बड़ी जटिल है। उसमें कई तरह के 'डिस आर्डर' हो जाते हैं।

—हाँ, होश-हवास में ऐसी हरकतें कोई नहीं करता।

डॉ. जयराम बार-बार एक ही नम्बर को रीडायल कर रहे हैं। प्रो. लाल फोन नहीं उठा रहे। शायद व्यस्त हैं।

हाँ, सचमुच। एक नयी शोध-छात्रा कभी-कभार उनसे मिलने उनके कक्ष में आ जाया करती है। आज भी वह बैठी है। वे उसे शोध-कार्य से सम्बन्धित कुछ ज़रूरी 'टिप्स' दे रहे हैं। वे कहते हैं, कोई विद्यार्थी कुछ दिन आने लगे तो वह उनका प्रिय हो जाता है। वे इसी तरह जी-जान से उसकी मदद करने लगते हैं। उनके प्रिय विद्यार्थियों में लड़कियाँ इसलिए ज़्यादा हैं, क्योंकि उनका मानना है कि लड़कियाँ 'सिंसिअर' ज़्यादा होती हैं।

वे बीच-बीच में उसकी प्रशंसा करते जा रहे हैं। विद्यार्थियों को प्रोत्साहित करने के लिए वे बहुत ही संयत और शालीन भाषा में प्रशंसात्मक टिप्पणियाँ भी करते रहते हैं। इसलिए इसे अन्यथा लेना ठीक नहीं। इसमें ग़लत क्या है, मसलन अगर वे कहते हैं कि उसके व्यक्तित्व में एक अलग ही 'ग्रेसफुलनेस' है, उसका उच्चारण बहुत साफ है– थिएटर वालों की तरह, वह काफी 'इंटेलिजेंट' है, वगैरह-वगैरह।

जयराम लगातार फोन मिला रहे हैं। प्रो. लाल चूँकि व्यस्त हैं, इसलिए उठा नहीं रहे। वे जो भी काम करते हैं, ऐसे ही समर्पण-भाव से और इतनी ही तल्लीनता से। उन्होंने अभी-अभी शोध-छात्रा की भर्रायी (हस्की) आवाज़ पर एक शोधपरक टिप्पणी की है, जिसमें स्वाभाविक रूप से प्रशंसाभाव निहित है। अब उन्होंने उसकी बड़ी-बड़ी आँखों को सुन्दर कहा है। वे अध्यापक हैं इसलिए यह कहते हुए थोड़ा झेंप गये हैं। लेकिन उनकी अपनी आँखों का पनीलापन और गहराई बढ़ गयी है। वे बिल्लौरी होकर चमकने लगी हैं।

प्रशंसा सुनना अगर नशा है तो प्रशंसा करना उससे बड़ा नशा है, जिसकी लत लग जाती है। अध्यापक होते हुए भी वे इसकी गिरफ़्त में आ गये हैं। इसलिए अपनी रौ में ज़्यादा गहरे उतर गये हैं। उनकी भाषा बिना किसी प्रयास के काव्यात्मक हो गयी है।

वे जितना गहरे उतर रहे हैं, उनका स्वर उतना ही मन्द पड़ता जा रहा है। वह धीरे-धीरे इतना धीमा हो गया है कि दीवारें भी नहीं सुन पा रही हैं। केवल एक कम्पन-सा है और उसकी आवृत्ति है। जिसे सिर्फ़ अनुभव किया जा सकता है। वह कर रही है– अपने एकदम क़रीब। जैसे कम्पन उसे छू रहा हो। सहला रहा हो। उसे लगता है वह धातु की हो गयी है और कम्पन तरंग बन कर उसकी समूची देह को झनझना रहा है। ठीक वैसे ही जैसे 'साइलेंट मोड' में मेज पर पड़े प्रो. लाल के सेल फोन के 'वाइब्रेशन' से मेज झन्ना रही हैं।

अँधेरी दुनिया के उजले कमरे में

पहले मुझे लगा था वह आलाप किसी अनाड़ी का है या कोई शास्त्रीय संगीत की खिल्ली उड़ा रहा है। पर जब मैंने उसे दम साध कर और मुट्ठियाँ भींच कर फटते हुए देखा और सुना, तब जाकर यक़ीन हुआ कि स्वर उसी का है। यह आलाप था ही नहीं। इसमें संगीत और संगीत में मनोरंजन का तत्त्व ढूँढ़ना बेरहमी होती। उसका 'आ' जब लम्बा खिंचता चला गया तो स्वर-दीर्घता के साथ आयी भर्राहट से मुझे यक़ीन हुआ कि वह गा नहीं रही, बल्कि बदहवास-सी रो रही है। स्वर-भंग के बावजूद उसका आलाप रुकता नहीं था। जैसे किसी यांत्रिक ख़राबी का नतीजा हो। बग़ैर रोके अब इसका रुकना जैसे नामुमकिन हो, और इसकी आवृत्ति अनन्त काल तक गूँजती रहने वाली हो।

एक परछाईं उस चीख से बेचैन हो उठी। इसलिए कि इससे उसकी अपनी रिदम टूट रही थी। परछाईं के इरादे में इससे ख़लल पड़ गया था।

यह घटना एक दृश्य की तरह घटी थी। इसी भू पर और इसी देश में घटित होने के बावजूद घटना का भूगोल इसे समझने में मेरी मदद नहीं कर रहा था। क्योंकि इस दृश्य के चारों तरफ़ कोई और दृश्य था ही नहीं। यह ऐसा ही था जैसे पृथ्वी एक कमरा हो और मैं उसकी परिधि पर छिपकली की तरह चिपका हूँ और एक सूराख से पृथ्वी के अन्दर झाँक रहा हूँ। बाहर शून्य है और अन्दर आँख के दायरे में एक ही दृश्य आता है, बाकी सब अदृश्य है। कोई पुलिसिया डपट के साथ अगर पूछे कि मैं वहाँ कर क्या रहा था, तो कह सकता हूँ कि किसी ने मुझे यहाँ लाकर पटक दिया था। या यह कि मेरी आँखों पर पट्टी बाँध कर यहाँ लाया गया। यह भी कहा जा सकता है कि मैं यहीं था और मुझे यह दृश्य दिखा कर डराया जा रहा था। हालाँकि बाल की खाल निकाली जाये तो यह भी हो सकता है कि मैं उसी युवती के साथ था। इस सम्भावना को भी नकारा नहीं जा सकता कि मैं परछाईं के साथ था। सच कहूँ, जिस तरफ़ भी था, यह सब देख कर होश-हवास खो बैठा था। मेरी टाँगें काँप रही थीं।

पर यहाँ दूर-दूर तक कोई नहीं था जो मेरी मौजूदगी को लेकर सवाल करे। यहाँ सिर्फ़ अन्धकार था, मैं था, वह थी और थी एक परछाईं।

उसके अनवरत रुदन से कमरे के पर्दे थरथराने लगे थे। वह रुदन धीरे-धीरे चीख में बदलने लगा। अचानक खनखनाकर कुछ टूटने और बिखरने की आवाज़ उसकी चीख में घुलती-मिलती चली गयी, जैसे ध्वनि तरंगों में विस्फोट की तीव्रता हो और शायद उसी से खिड़कियों के शीशे दरक गये हों। 'शायद' इसलिए क्योंकि यक़ीनी तौर पर कहा नहीं जा सकता कि खिड़कियों के शीशे चटक कर बिखर गये होंगे। या फिर स्वर की तीव्रता से ही बिखरे हों और उसने फूलदान जैसी कोई भारी चीज़ उस साये की तरफ़ नहीं उछाली होगी और जो खिड़की से टकराई नहीं होगी।

यह चुटकियों में घटित हुआ। ठीक उस वक़्त जब मैंने कमरे की छत की तरफ़ नज़र उठायी, ताकि छत दिखायी दे। जिस पर लटके चमगादड़ फड़फड़ाकर उड़े हों। लेकिन जहाँ मैं था, वहाँ से छत नहीं दिखायी देती थी— किसी भी कोण से। न कोई चमगादड़ ही उड़ता हुआ मेरी आँख के दायरे में आया। दरअसल, वहाँ चमगादड़ हों यह ज़रूरी नहीं था, क्योंकि कमरे में रोशनी होने और उस रोशनी में परछाईं की हरकत साफ-साफ दिखाई देने के बावजूद यह तय नहीं था कि यह रात का ही वक़्त है। बाहर कोई मुँडेर भी नज़र नहीं आती थी, जिस पर कोई कौआ कर्कश काँव-काँव के साथ तेज़ी से उड़ा हो और मैं यक़ीन के साथ इसे सुबह का वक़्त कह सकूँ। और इसी ग़फ़लत में आँखों से उस दृश्य को पकड़ने में चूक हो गयी जिससे मैं काँच के बिखरने की कोई ठोस वजह बयान कर सकूँ या फिर यक़ीन के साथ यही बता सकूँ कि कुछ और नहीं बल्कि काँच ही बिखरा था। अभी तो उसके रोने और चीखने की सही-सही वजह ही मुझे पता नहीं थी। सिर्फ़ एक अनुमान था।

सही वजह पता करने के इरादे से मैंने सूराख पर कान लगाया। वह सचमुच चीख रही थी। अब मैंने सूराख से आँख सटायी। इससे यह साफ-साफ दिखायी दे गया कि चीखते हुए उसके गले की नसें फूल गयी हैं। उसी तरह जैसे दमे की मरीज़ मेरी दादी की नसें खाँसते-खाँसते फूल जाया करती थीं और साँस उखड़ने लगती थी। दम साध कर चिल्लाने और पूरी शक्ति झोंक देने से उसकी साँस भी उखड़ती लग रही थी। उसके शरीर का सारा रक्त चेहरे पर आकर रुक गया था। अचानक उसकी भिंची हुई मुट्ठियाँ खुलीं और एक झटके में उसने अपना कुर्ता तार-तार कर दिया— बटन खोल कर उतार फेंकने की ज़हमत उठाये बग़ैर। उसका ऊपरी शरीर जिस अन्तर्वस्त्र के सहारे

अब भी नग्न होने से बचा हुआ था, उसने अगले ही क्षण उसे भी नोच कर एक तरफ़ फेंक दिया।

अगर मैं इस लड़की से प्रेम करता होता और कोई दूसरा यह क़िस्सा बयान कर रहा होता तो मैं यक़ीन नहीं करता कि वह सीपियों-सी आँखों वाली लम्बी-छरहरी युवती ऐसा कर सकती है, जो सभ्य और सुसंस्कृत भी लगती है। संस्कृति-रक्षण का भार चूँकि मेरे कन्धों पर नहीं था, इसलिए मैंने उसकी हरकत का बुरा नहीं माना। मैं इस नतीजे पर भी क़तई नहीं पहुँचा कि वह पागल है। हालाँकि मैंने, खुद अपनी आँखों से, उसे अपने आपको वस्त्रविहीन करते देखा था। और किसी स्त्री को ऐसा करते देखना मेरे जीवन में पहली बार घटा था। मैं अवाक् था। पर यक़ीन के साथ कह सकता हूँ कि वह पागल नहीं थी। उसके कुर्ते में बिच्छू भी नहीं घुसा था।

लेकिन कोई वजह तो थी। आख़िर क्यों उसने ख़ुद ही अपने शरीर के ऊपरी हिस्से को निर्वस्त्र कर दिया?

उसका अपने ही कुर्ते को तार-तार करना छिछोरों के लिए निश्चित ही सदमे की तरह होता, क्योंकि उसके ऐसा करने से परपीड़न या लज्जित करने का आनन्द उनके हिस्से नहीं आता। सज्जनों के लिए धर्मसंकट की स्थिति होती कि वे नज़रें फेर कर कनखियों से कैसे देखें। मैं अपनी जगह छिछोरे और सज्जन के बीच मानता था। मेरे जैसे लोग किसी को लज्जित नहीं करते और पीड़ा नहीं पहुँचाते, किन्तु मज़ा लेने से भी नहीं चूकते। मेरे जैसे लोग कनखियों ने नहीं, सीधे देखते हैं। लेकिन फिर भी मेरा स्नायुतंत्र लूला हो गया था।

मुझे तेज़ झुरझुरी हो रही थी और हाथ-पैर इस क़दर सुन्न हुए जा रहे थे कि लगा मैं कश्मीर में कहीं हूँ। लेकिन माथे पर पसीने की बूँदें भी थीं, जो साफ-साफ तो नहीं लेकिन आशंका पैदा कर रही थीं कि कहीं मैं उत्तर प्रदेश के किसी शहर में तो नहीं हूँ। मैं कहाँ हूँ, यह जानने की कोशिश में अगर कानों को चौकन्ना करूँ तो कहीं दूर से छप-छप की आवाज़ आने का भ्रम होता था और मैं यह अनुमान लगाने लगता कि कहीं गोवा या कन्याकुमारी में हूँ, और यह जगह समुद्र के किनारे कहीं हो। हालाँकि छप-छप की कोई आवाज़ दूर-दूर तक नहीं थी। बहरहाल, यह बिना किसी वज़ह के कोलकाता भी हो सकता था और इस घटना के भूगोल में जाने के लिए जबरन इसका इतिहास खोजने का प्रयास किया जाये तो इसका देश की राजधानी या उसके आस-पास का इलाक़ा होना ज़्यादा तर्कसंगत लगता था।

पता नहीं। कुछ भी पता नहीं। क्योंकि बाहर घुप्प अँधेरा है। कोई अगर यह पूछे कि आपके हाथ में कितनी उँगलियाँ हैं और आप एक हाथ में छह और दोनों मिला कर ग्यारह भी कहना चाहें तो, इसे कोई ग़लत साबित नहीं कर सकता था। हाथ को हाथ नहीं सूझता हो तो आँख को उँगलियाँ कैसे सूझेंगी? यह घुप्प अँधेरा कब से है, नहीं पता। पर सदियों पुराना लगता है। जैसे पीढ़ियों से यहाँ किसी ने सूरज देखा नहीं होगा। शायद जब पहली बार सूरज उगे तो लोग उसकी उजास से डर जायें और इतना डर जायें कि मर ही जायें। ऐसे घुप्प अँधेरे समय में आप घड़ी देख कर समय नहीं बता सकते।

बहरहाल, यह क़िस्सा सिलसिलेवार इस तरह है कि... एक दीवार है। जिसको छूने से पता चलता है कि शायद दीवार ही है। वह वर्गाकार भी हो सकती है और अंडाकार भी। दीवार में कोई खिड़की नहीं है। शायद पहले खिड़की रही हो, लेकिन यहाँ रहने वालों की सुरक्षा के लिए उसे हाल ही में पाट दिया गया था। खिड़की के बगल में एक सूराख है, पर इतना छोटा कि छिपकली नहीं घुस सकती। शायद कोई आधे इंच का पाइप अन्दर ले जाने के लिए या शायद बाहर निकालने के लिए छेद किया गया हो। या कौन जाने, छिपकलियों के अन्दर झाँकने के लिए ही किया हो– यह सोच कर कि छिपकली बयान नहीं दे सकती और उसकी उँगलियाँ फेसबुक पर पोस्ट नहीं लिख सकतीं।

उस दीवार के सूराख से झाँकने पर पता चलता है कि यह क़िले की दीवार नहीं, किसी कक्ष की है। चूँकि सूराख की तरफ़ वाली दीवार पर पहले खिड़की रही होगी, इसलिए वहाँ अब भी सफेद पर्दे टँगे हैं। एक पर्दा कुछ हटा हुआ है और उसके हटने की वज़ह से ही वह युवती दिखायी देती है। हालाँकि इस दृश्य में भी आधा दृश्यमान है तो आधा अदृश्य। क्योंकि आधे में पर्दे की ओट है। लेकिन उस आधे हिस्से को पूरी तरह अदृश्य इसलिए नहीं कह सकते क्योंकि वहाँ परछाइयाँ मौजूद हैं, रोशनी के कारण जिनकी गतिविधि पर्दे के पार देखी जा सकती है। कमरे में, युवती के सिवाय कुछ भी नज़र नहीं आता। सिर्फ़ युवती के उलटे हाथ वाली दीवार पर पेंटिंग जैसी कोई चीज़ टँगी है। दूर से, जहाँ मैं हूँ, ऐसा लगता है कि उस पेंटिंग में कुछ अंक दर्ज़ हैं। पर वे निश्चित ही तारीख़ें नहीं हैं, क्योंकि तारीख़ों की पेंटिंग नहीं होती, कैलेंडर होते हैं। अंक इतने स्पष्ट हैं जैसे वे किसी तरह के उल्लंघन के ख़िलाफ़ ताकीद करते हों और उलझन से बचाने के लिए ही इतने स्पष्ट और चमकदार हों। इस अंकों से पटी पेंटिंग की पृष्ठभूमि में हलके सलेटी

रंग से बनी एक मानवाकृति है, जिसने गोल चश्मा पहना है। युवती असहाय होकर जब-जब उस पेंटिंग की तरफ़ देखती है, वह झट से बदल जाती है, जैसे लज्जित हो रही हो। तब वहाँ न मानवाकृति होती है और न उसका गोल चश्मा। इससे, उस चित्र के मक़बूल फ़िदा हुसेन की पेंटिंग होने का आभास होता है। पर यह इसलिए नहीं हो सकता क्योंकि वहाँ घोड़ा नहीं, बल्कि बकरी है। गोल और बड़ी-बड़ी आँखों वाली चितकबरी बकरी, दूर से जिसकी आँखें चश्मे का फ्रेम लगती हैं। और ये जो अंक दिखायी देने का भ्रम है, वह सम्भवतः बकरी के लिए डाला गया चारे जैसा कोई झाँसा हो।

इतने सारे भ्रम हैं और आशंकाएँ हैं। इसी से सन्देह होता है कि कहीं यह किसी अज्ञात चित्रकार की माया-रचना तो नहीं!

युवती के सामने वाले अर्द्ध अदृश्य, या यूँ कहें कि अर्द्ध दृश्यमान हिस्से में एक अनवरत चल रहा छाया-नाट्य है और हैं आवाज़ें। पर वे आवाज़ें मनुष्यों की तरह नहीं हैं— सिर्फ़ किसी जानवर के गुर्राने जैसी गुर्र-गों होती है। आप अनुमान नहीं लगा पाते कि ये आवाज़ें किस जानवर की हैं। इनकी गुर्र-गों कुत्तों, भेड़ियों और लोमड़ियों से काफ़ी मिलती है। पर यक़ीनन कुछ भी नहीं कहा जा सकता। यह भी नहीं कि ये संख्या में कई हैं या सिर्फ़ एक। इससे यह तय करने में काफ़ी कठिनाई हो रही है कि यह जंगली जानवरों का सामूहिक हमला है या किसी जंगली हो गये पालतू पशु का एकल प्रयास। लेकिन, इससे भी ज़्यादा भ्रमित करने वाली बात यह है कि, आप यक़ीन नहीं करेंगे, कमरे की रोशनी से सफेद पर्दे पर जो परछाइयाँ बनती-बिगड़ती हैं, वे हूबहू मनुष्यों जैसी हैं। मैं हैरान हूँ। बेहद हैरान हूँ कि मनुष्य किसी जानवर की तरह गुर्र-गों कैसे कर सकता है? और अगर जानवर ही है, तो हमलावर होने पर मनुष्य की तरह दो टाँगों पर कैसे खड़ा हो सकता है?

बाहर किसी ट्रेन के धड़धड़ाने की आवाज़ नहीं है। कोई चौकीदार 'जागते रहो' की टेर नहीं लगा रहा। कोई कुत्ता भौंकता नहीं, सियार हुआ-हुआ नहीं करते। पानी बरस कर अभी-अभी थमा नहीं है, क्योंकि पानी बरसा ही नहीं है। नीला या बादलों से पटा आकाश भी नहीं है। इसलिए तारे नहीं टिमटिमा रहे और चाँद न निकला है, न निकलने के आसार हैं। अमावस की रात है कि खग्रास, कोई नहीं जानता। चारों तरफ़ सिर्फ़ अँधेरा है और सन्नाटा है।

ये सन्नाटा, ये आवाज़ें, चमगादड़ों का भ्रम....यह क़तई साबित नहीं करता कि यह कोई भुतहा दास्तान है। यह एक सत्य घटना है, पर सत्य से थोड़ा दूर करार दिये जाने की सारी सम्भावनाओं से भरी हुई। इस घटना में सबसे

स्तब्धकारी युवती का कुर्ता फाड़ना है। बल्कि यह मतिभ्रम पैदा करने वाला है। एक बार आपको लगता है कि 'ऐसा' है और दूसरे ही क्षण लगता है कि नहीं है।

इस क़िस्से में क़िस्सागोई जैसी किसी चटकारेदार शुरुआत का गवाह चूँकि कोई नहीं है, इसलिए इसे वहीं से बयान किया जा सकता है, जहाँ मेरी, यानी इस छिपकली जैसे प्राणी की आँख ने सूराख के अन्दर झाँका। हाँ, मैं एक सूराख से छिपकली की तरह ही अन्दर झाँक रहा था। या यूँ कहा जाये कि अन्दर के हालात देख कर मैं छिपकली हो गया था। आप मेरा सही-सही लिंग निर्धारण करने और मेरे नर-बोध को सहलाने के लिए मुझे 'छिपकला' कह सकते हैं।

खैर, मैं इस घटना को आगे बयान करूँ, इससे पहले, बेहतर यह होगा कि आप अपने दिमाग़ की स्लेट से एक वाक्य को मिटा दें कि युवती ने अपना कुर्ता तार-तार कर दिया। यूँ मान लीजिए कि कहानी फिर से सिलसिलेवार शुरू हो रही है। एक छिपकले ने एक सूराख से अन्दर झाँका है, जहाँ एक युवती दिख रही है। उसने अभी तक अपना कुर्ता नहीं फाड़ा है और आपको जरा भी इलहाम नहीं हुआ है कि वह कुर्ता फाड़ सकती है।

हाँ, तो एक अँधेरी दुनिया के उजले कमरे में एक युवती खड़ी है। पता नहीं वह उसी का घर है या वहाँ लायी गयी है। यह भी पता नहीं कि वह जबरन लायी गयी या फुसला कर। वह बेहद डरी है। वह डरी हुई इसलिए है क्योंकि वह घिरी हुई है। पता नहीं उसे किसने घेरा है। क्योंकि उसके सामने जो है या हैं, वे दिखायी नहीं देते। बस, गुर्र-गों की आवाज़ें हैं। गुर्र-गों जब भी होती है, मैं पुतलियों को छोटा-बड़ा करता हूँ, ताकि कोई साफ आकृति दिखायी दे।... हाँ, दिखायी देने लगी। पर वह किसी पशु-मानव जैसी दीखती है। पशु-मानव को न मैंने कभी देखा है और न सम्भवतः उस युवती ने कभी देखा होगा। हम उसकी कल्पना कर सकते हैं, बस। इतना यक़ीन है कि वह ऐसा ही होता होगा। ऐसा ही, जो कभी पशु लगे और कभी मानव। जिसका सिर पशु का हो और धड़ मानव का। या जिसका धड़ पशु का हो और सिर मानव का।

मुझे सिहरन होने लगती है कि कहीं वह अकेली और निहत्थी युवती पशु-मानव के चंगुल में फँस तो नहीं गयी? मुझे एक पुरा-आख्यान का स्मरण हो आता है। खास तौर से उसका नरसिंह अवतार प्रसंग। पर यहाँ तो पशु-मानव दुर्बल को बचा नहीं रहा, बल्कि उसकी तरफ़ हमलावर निगाहों से देख रहा

है। यह पशु-मानव सचमुच ख़ूँख़ार लगता है।

पुतलियों को और सिकोड़ता हूँ तो आकृति कुछ और स्पष्ट होने लगती है। उसके लम्बे लहरिया केश काले दिखते हैं। पर यक़ीन के साथ नहीं कह सकता कि वे काले ही हैं। हो सकता है चटाई जैसे उन केशों में चमकादार सफेदी हो और वे परछाईं में काले नज़र आते हों, जैसे कि उसका चेहरा कालिख पुता लगता है। ...और यह उसके हाथ में क्या है? शायद कुछ नहीं है। वह आदतन अपने दायें हाथ की मुट्ठी को भींचे हुए है। जैसे उसे कोई झंडा, डंडा या हथौड़े जैसी चीज़ थामे रहने की आदत हो। वह आकृति जब भी मिनमिना कर कुछ कहती है, तो वाक्य पूरा करते ही दायें हाथ की मुट्ठी को धाड़ से अपनी बायीं हथेली पर मारती है। इससे उसे थोड़ा तकलीफ़ हो रही है। या शायद याद आता हो कि उसके दायें हाथ में कुछ नहीं है। और शायद इस बेवकूफ़ी पर उसे शर्मिन्दगी होती हो। वैसे, शर्मिन्दगी होती होगी, यह मेरा अनुमान भर है। क्योंकि इस अनुमान के उलट छाया-नाट्य में उसका चेहरा सपाट लगता है। गोया, शर्मिन्दगी उसे छू न पाती हो।

वह मिनमिनाती आवाज़ में हर बार जैसे आदेश देती है। आदेश देना भी शायद उसकी आदत है। वह 'खोल दो' जैसा कुछ कहती है। मानो, उससे किसी ने सआदत हसन मंटो की कहानी का नाम पूछा हो। पर कभी भी 'खोल दो', साफ-साफ 'खोल दो' नहीं सुनायी देता। परछाईं शायद नाक से बोलती है, इसलिए आवाज़ में मिनमिन का स्वर इतना प्रबल है कि जब वह 'खोल दो' कहती है तो काफ़ी हद तक वह 'तोल दो' जैसा सुनायी देता है। पर मैं यक़ीन से कह सकता हूँ कि वहाँ चूँकि कोई तराजू नहीं है, इसलिए निश्चित तौर पर वह 'तोल दो' नहीं कह रही होगी। यह बात मैं इसलिए भी कह सकता हूँ क्योंकि वह आकृति किसी कबाड़ी या कुंजड़े की नहीं लगती। परछाईं में भी साफ-साफ पहचाने जा रहे उसके कोट से उसके रुतबे का अनुमान लगाना मुश्किल नहीं है। ऐसा रुतबा रद्दी या सब्जी तोलने वाले का यक़ीनन नहीं हो सकता।

वह परछाईं 'तोल दो' (जैसा सुनायी देता है) कहती हुई जब आगे बढ़ी तो पर्दे के एक कोने से उसकी थूथन बाहर झाँकने लगी। थूथन उसकी वास्तविक थूथन थी या छद्‌म, यह संशय बहुत गहराई के साथ पैदा हुआ था। उसके लम्बूतरे मुँह को आप सूअर से जोड़ कर देख सकते थे। यह जर्मन शेपर्ड या लोमड़ी की थूथन भी हो सकती थी। थूथन से कोई आधा फुट पीछे, उसकी आँखों से थोड़ा हट कर कुछ लटक रहा था। दरअसल ये उसके केश थे।

उसके लहरिया केश गोल्डन रिट्रीवर के कानों की तरह लगते थे जो कनपटी पर झूल रहे थे। इससे उसके कान दिखाई नहीं देते थे। फिर भी मैं भरोसा कर सकता था कि पशु-मानव बहरा नहीं होता होगा।

उसने ज्यों ही 'गुर्र-गों' की, बिजली-सी चमक के साथ उसके दाँत दिखायी पड़े। अरे बाप रे, यह कौन-सा प्राणी है जिसके दाँत इतने लम्बे हैं और जर्जर व घिसे हुए भी? लेकिन घिसे होने के बावजूद फाड़ने को आतुर हैं? यह सचमुच कोई पशु-मानव है। शायद पशु-मानव रिटायर दाँतों से भी शिकार करता हो।

परछाईं अचानक बदल रही है। वह बड़ी होती जा रही है। उसकी थूथन पर्दे के पार निकलती चली जा रही है। वह इतनी लम्बी हो गयी है कि घड़ियाल का मुँह बनती जा रही है। मैं चूँकि छिपकला हूँ, इसलिए अपने सरीसृप बिरादरी के बड़े भाई को देख मुझे बड़ी कोफ़्त हो रही है। अपने आप को लानत देने का मन होता है कि मैं, इसी परिवार का, मकोड़ों का शिकार करता हूँ और यह मनुष्य की ओर टकटकी लगाये है। उस सरीसृप की खाल बेशर्मी की हद तक मोटी है और उसकी आँख बहुत ही शातिर। उसके मुँह से लगातार गुड़गुड़ की आवाज़ निकल रही है। मैं समझता हूँ, यह उसका ठहाका है। पर यक़ीन से कैसे कहूँ कि जब घड़ियाल स्तनधारियों पर घात लगाता है तो साथ में ठहाका भी लगाता है। नहीं, शायद वह अपनी ताक़त का एहसास कराने के लिए गुड़गुड़ का स्वर निकाल रहा है।...या शायद कुछ और है।

घड़ियाल अपने शातिर स्वभाव के विपरीत अपने पंजों से धरती को पीछे धकेलता हुआ आगे बढ़ने लगा है। वहाँ मिट्टी नहीं है, इसलिए धूल नहीं उड़ती। लेकिन मुझे लगता है धूल उड़ रही है। सब कुछ धूल-धूसरित और धुआँ-धुआँ हो रहा है। युवती की चीख तेज़ हो रही है और साये की गुड़गुड़। लगता है जैसे उन दोनों स्वरों की आवृत्ति को कई गुना बढ़ा दिया गया हो। मैंने अगर दीवार को पकड़ा न होता तो अपनी उँगलियाँ कान में घुसेड़ लेता।

घड़ियाल अचानक झपट्टा मार कर उस युवती की टाँग खींच लेता है। यह सब सेकेंड के भी आधे हिस्से में होता है। इसलिए मैं यह साफ़-साफ़ नहीं देख पाता कि वह घड़ियाल का मुँह था कि मनुष्य का हाथ जिसने युवती को अपनी ओर घसीट लिया। अब गुड़गुड़ के साथ छीना-झपटी और युवती के चिल्लाने का स्वर गड्डमड्ड हो रहे थे। बस इतना पता चलता था कि चीखने का स्वर ज़नाना है और गुड़गुड़ का मर्दाना। मुझे पसीना छूट रहा था। कहीं सचमुच में दिल्ली में तो नहीं हूँ?

धरती हिल रही है। किन्तु मुझे लगता है मैं किसी वाहन में सवार हूँ। वह युवती भी। वह परछाईं भी।

एकाएक युवती ने अपने को मनुष्य के पंजे से मुक्त करा लिया। मनुष्य के पंजे का होना क्योंकि साबित नहीं हुआ है इसलिए आप कह सकते हैं कि उसने घड़ियाल के मुँह से ख़ुद को छुड़ा लिया। ऐसा लगा जैसे उसने दूसरे पाले में जाकर काफ़ी देर तक कबड्डी-कबड्डी कहा और साँस टूटने से पहले अपने पाले में वापस आ गयी। पर शायद यह कबड्डी की तरह आसान नहीं रहा होगा। कुश्ती जैसा कुछ तो हुआ होगा, क्योंकि उसकी सलवार जाँघों के पास से फट गयी थी और कुर्ता कई जगह से उधड़ चुका था। बाल अस्त-व्यस्त थे।

वह बुरी तरह हाँफ रही थी। रुलाई दबाने के प्रयास में वह ज़्यादा कठोर हो गयी थी। परछाईं फिर गुड़गुड़ कर रही थी। उसने अपनी थूथन फिर से पर्दे के पार निकाल दी थी। युवती अपने दोनों हाथ घुटनों पर टिका कर आगे की तरफ़ इस तरह झुक गयी जैसे झपटने की बारी उसकी हो। साये ने फिर झपट्टा मारा। लेकिन युवती ने पैंतरा बदल कर ख़ुद को बचा लिया। उसने तुरन्त ही एक और झपट्टा मारा और युवती की बाँह पकड़ कर उसके कुर्ते के दायें कन्धे को नीचे तक उतार दिया। लेकिन वह युवती को घसीट कर अपने पाले में नहीं ले जा पाया।

युवती ने पेंटिंग की तरफ़ देखा, जैसे परछाईं को उसकी दुहाई दे रही हो। लेकिन परछाईं पर कोई असर नहीं हुआ और पेंटिंग पर भी नहीं।

अगले ही क्षण उसने झपट्टा मार कर युवती को नीचे गिरा दिया और अपनी तरफ़ घसीटा। युवती फिर उसकी गिरफ़्त से निकल आयी। लेकिन इस बार उसके चेहरे और छातियों पर खरोंच के निशान पड़ गये थे। खरोंचों पर छोटी-छोटी बुँदकियों की तरह खून की लकीरें उभर आयी थीं। युवती ने खरोंच पर हाथ फेर कर हाथ का मुआइना किया। हथेली पर खून के धब्बे नज़र आने लगे। खून देख कर पहले वह रुआँसी हुई और फिर अचानक क्रोध में फट पड़ी। वह दम साध कर चीखने लगी और चीखते हुए उसने अपना ही कुर्ता तार-तार कर दिया। अन्तर्वस्त्र भी उसने ख़ुद ही नोच कर एक तरफ़ फेंक दिया।

मैं ग़ौर से देख रहा था। लेकिन उस निर्वस्त्रता का सूक्ष्मदर्शी चित्र दिमाग़ में बन नहीं रहा था। मानो, जुनून ने उठने से इनकार कर दिया था। निर्वस्त्र हुए अंग नग्न लगते नहीं थे। हालाँकि वे थे और पूरी लपक के साथ लहरा

रहे थे। पर उनका अश्लील वर्णन इसलिए सम्भव नहीं था, क्योंकि हुंकार की तरह जो चीख काँच के टुकड़े बिखेरती लग रही थी वह उसकी छाती से निकल रही थी। चीत्कार से वे अंग हिल रहे थे लेकिन फिर भी इतने दृढ़ और स्थिर लगते थे कि उनकी लपक विचलित नहीं करती थी। उनकी नग्नता में जाने क्यों इतनी गरिमा थी। उनका आवरणविहीन होना असहज और अस्वाभाविक नहीं लगता था। उनकी उन्मुक्ता रोचक घटना होनी चाहिए थी, किन्तु लगती क़तई नहीं। उनकी स्वच्छन्दता किसी और की इच्छा या इज़ाज़त की मोहताज नहीं थी। उन्हें स्वच्छन्द करने के लिए वस्त्र आप ही फाड़ें ऐसे किसी नियम का उल्लंघन, उन्हें धारण करने वाली युवती ने खुल्लमखुल्ला कर दिखाया था।

यहाँ, इस छिद्र में, मेरी आँख की जगह परमपूज्य छिद्रान्वेषी बाबाजी महाराज की आँख होती तो वे 'हरि ओम' कह कर मुस्कराते। उन्हें तसल्ली होती कि युवती ने अपनी जान बचाने के लिए 'आन' न्यौछावर कर दी। लेकिन, बाबाजी से मेरा अनुरोध है कि वे ग़ौर से देखें। देखें कि भय से नहीं बल्कि क्रोध से उसकी छाती धोंकनी की तरह चल रही है। जैसे आबाद पहाड़ियों के बीच से ज्वालामुखी फूट पड़ा है। शायद इससे निकलने वाला गरम लावा परछाईं की तरफ़ बढ़ रहा है और इसीलिए वह पीछे हट रही है।

फ़र्ज़ कीजिए कि यहाँ छिद्रान्वेषी महाराज ही परछाईं के रूप में विराजमान हों और उबकाई ला देने वाला गुड़गुड़ का स्वर उन्हीं के मुखारविन्द से निकल रहा हो !....हरि ओम।

परछाईं का, जो इस वक़्त मनुष्य की तरह लग रही थी, मुँह खुला रह गया है। परछाईं को अगर उसके वास्तविक स्वरूप में देखा जा सकता, तो निश्चित ही उसके मुँह से लार गिरना रुक गया होता। चूँकि वह परछाईं थी, इसलिए सिर्फ़ उसका हाथ उठना और मुँह पर फिराना नज़र आता है। शायद वह पहले से गिर चुकी लार पोंछ रही है। लेकिन इस सम्भावना से भी इनकार नहीं किया जा सकता कि उसका हाथ पसीना पोंछने के लिए उठा हो। गुड़गुड़ का स्वर अब रुक गया है। शायद पसीना छूटने से परछाईं गुड़गुड़ करना भूल गयी। मैं यह यक़ीन करना चाहता था कि वह एक सौ आठ अश्व-शक्तिधारी अजेय परछाईं भयभीत हो रही थी।

यह यक़ीन कर लेने की कोशिश में ही यहाँ मुझे एक और प्रसंग याद आता है– भगवानदास का। अज्ञात धंधे में अन्धी कमाई करने वाले भगवानदास का। गुंडई और दबंगयी में, इलाक़े में जिनका कोई सानी नहीं था। छोटे-मोटे

मजूर, मिस्त्री, कामगार उनके घर के आस-पास से भूल कर भी नहीं गुजरते थे, भले लम्बा रास्ता लेकर जाना पड़े। भगवानदास से काम के बदले पैसे माँगने का मतलब था आफ़त मोल लेना। मान लीजिए, उनके घर में कभी नलका खराब हो गया। उन्होंने प्लम्बर बुलाया। नलका ठीक कर प्लम्बर ने पैसे माँग लिए तो आ गयी मुसीबत। वे उलटा चढ़ बैठते कि उसने चूड़ी ज़्यादा कस कर उनका सैकड़ों का नुकसान कर दिया। वह सफाई देता और भगवानदास ग़लती गिनाते। अन्ततः वह अपने गाल पर भगवानदास की उँगलियों की छाप लेकर लौटता।

एक बार एक राज मिस्त्री ने उनके घर की छत पर मरम्मत और पलस्तर का काम किया। जब पैसा देने की बारी आयी तो उन्होंने डपट दिया। राज मिस्त्री गिड़गिड़ाया, "बाऊजी, घरवाली बीमार है, आज पैसे तो चाहिए।" भगवानदास चिल्लाये, 'अबे, काम खराब कर दिया तो पैसे किस बात के?'

"देखो बाऊजी, पैसे तो देने पड़ेंगे।"

"देने पड़ेंगे? 'देने पड़ेंगे' कहता है? काम बिगाड़ कर ऐंठ दिखाएगा? तू जानता नहीं मैं कौन हूँ? मुझे सोचने में एक सेकेंड नहीं लगता और छत से नीचे फेंक देता हूँ, समझा!"

राज मिस्त्री ने भी सोचने में एक पल नहीं गँवाया। वह छत की मुँडेर की तरफ़ दौड़ पड़ा। दौड़ते-दौड़ते पलट कर बोला, "पैसे नहीं दिये तो मैं ख़ुद कूद जाऊँगा।...चिल्ला के ये भी बताऊँगा कि जान क्यों दे रहा हूँ।"

भगवानदास की समझ में नहीं आया कि दाँव उलटा कैसे पड़ गया। वे उसे मनाने लगे। वे जितनी बार उसे मना कर लायें, वह उतनी ही बार मुँडेर की तरफ़ दौड़े। आगे-आगे मिस्त्री, पीछे-पीछे भगवानदास। भगवानदास गिड़गिड़ाएं और मिस्त्री तेज़ स्वर में कहे– नहीं, अब तो तय कर लिया। मरना है, तो मरना है।

खैर, वह मरा नहीं। वह मरता या नहीं मरता, आप दोनों ही स्थितियों में इस क़िस्से को यहाँ अप्रासंगिक कहते। पर मैं आपसे सवाल करता हूँ कि कोई कमज़ोर और निहत्था ऐसे आसन्न संकट की घड़ी में आख़िर कौन-सा हथियार चला सकता है?

बरहहाल, युवती कुर्ता फाड़ कर चिल्लायी थी– आ देख। देख इन्हें। देख साले! हिम्मत है तो आ, आगे बढ़।

परछाईं कदम समेटने लगी, जबकि युवती बड़े-बड़े डग भर रही थी। उसकी चीख से परछाईं के पैर डगमगा रहे थे। वह बचाव की मुद्रा में आ रही थी।

उसे युवती का अर्धनग्न शरीर डराने लगा था। उसका साहस जवाब दे रहा था। युवती 'माँ...बहन...बेटी' जैसा कुछ कह रही थी, लेकिन साफ-साफ सुनाई नहीं देता। शब्दों को स्पष्ट सुनाई देने में मानो संकोच हो रहा हो। जैसे वे 'खोल दो' से भी ज़्यादा असंसदीय हों।

समय जैसे रुक गया है। शायद यह कभी ख़त्म न होने वाली रात थी, जिस रात की कोई सुबह नहीं थी। नहीं, शायद थी। क्योंकि अभी-अभी ऐसा लगा कि उसकी चीख से अँधेरे की चादर फट जायेगी। शायद यह अँधेरा इसीलिए इतना घना है, ताकि वह अपने कुर्ते के बाद अन्ततः अँधेरे को फाड़ दे।

पर अफसोस, कुर्ते के बाद उसने क्या फाड़ा, दिखायी नहीं दिया। अन्दर झाँकने का वह अकेला सूराख बन्द हो चुका था। उसके आगे कोई काला पर्दा-सा लग गया था। शायद अन्दर रोशनी गुल हो गयी थी। सूराख के साथ कान सटाने पर सिर्फ़ आख़िरी बार ज़नाना आवाज़ में 'तेरी माँ की' और दबी हुई मर्दाना आवाज़ में 'आह' सुनायी दी थी।

नोट : इस घटना का सत्य से कोई लेना-देना नहीं है। समूचे घटनाक्रम को गढ़ने के लिए जिन पात्रों का सहारा लिया गया है वे सभी काल्पनिक हैं। अगर यह कहानी किसी व्यक्ति/व्यक्तियों अथवा घटनाओं से मेल खाये तो इसकी सारी ज़िम्मेदारी उन लोगों की होगी जो जन्मकुंडलियों की तरह बेवज़ह घटनाओं का मिलान करते हैं।

❑❑